Lena

Wir Kristallkinder

Lena

Wir
Kristallkinder

Liebe, Vertrauen & Wahrheit

////////////////// SILBERSCHNUR //////////////////

Anmerkung des Lektorates:
Das oberste Gebot jeden Lektorates ist es, sich in den Stil des Autors einzufühlen und bei allen Änderungen darauf zu achten, dass dessen persönliche Handschrift nicht verloren geht. Zudem verlangt gerade dieses Buch von einer Autorin, die uneingeschränkt ihre Authentizität lebt, danach, nicht an gängige Standards angepasst zu werden.
Daher haben wir uns dazu entschieden, auch einige umgangssprachliche oder wenig geläufige Begriffe im Text zu belassen, und hoffen, damit in Ihrem Sinne gehandelt zu haben.

Alle Rechte – auch die des auszugsweisen Nachdrucks, der fotomechanischen Wiedergabe, der Übersetzung und der Einspeicherung und Verarbeitung in elektronischen Systemen – vorbehalten.

© Verlag »Die Silberschnur« GmbH

ISBN 978-3-89845-260-1

1. Auflage 2009   2. Auflage 2010   3. Auflage 2012

Gestaltung & Satz: XPresentation, Güllesheim
Druck: Finidr, s.r.o. Cesky Tesin

Verlag »Die Silberschnur« GmbH · Steinstraße 1 · D-56593 Güllesheim
www.silberschnur.de · E-mail: info@silberschnur.de

Inhalt

Einstimmung	7
Der Blick von außen	13
• Die Kristallwellen *von Carolina Hehenkamp*	15
• Das Zusammenleben mit Lena *von Irene Portmann*	21
• Eltern sein von Lena *von Walter und Monika Giger*	27
Der Blick von innen	39
• Die Grundeinstellung von Kristallkindern	41
• Die Kristallsphäre	65
• Wie sind nun Kristallkinder?	75
• Schwierigkeiten auf der Erde	81
• Missverständnisse	105
• Häufig gestellte Fragen	121
Mein Leben, mein Weg	129
• Wie ich erfuhr, dass ich ein Kristallkind bin	137
• Ich beschloss, meinen eigenen Weg zu finden und zu gehen	143
Unsere Botschaft	151
• Die Hauptbotschaft ist Liebe	153
Ausklang	157
Über die Autorin	161

Einstimmung

Hallo und herzlich willkommen in der schönen, rosa glitzernden Welt der Kristallkinder! Es freut mich mega, dass du dich für uns interessierst und dieses Buch liest. Damit es für dich verständlicher und angenehmer zu lesen ist, erläutere ich dir vorab ein paar Dinge.

Dieses Buch enthält viel Wissen, allerdings kein Wissen für den Kopf, sondern vor allem welches fürs Herz und für die Seele. Wenn die Menschen von Wissen sprechen, meinen sie meistens das Wissen, das unser Hirn speichern kann, dabei gibt es viel mehr Wissen – ich spreche von dem Wissen, das unser Gehirn nicht speichern kann, das nicht verstanden werden kann oder nachvollziehbar ist. Zum Beispiel weiß unser Körper, wie Fahrrad fahren funktioniert, oder unser Herz weiß, was uns gut tut.
Dieses Buch versteht man nicht, wenn man es nur mit dem Verstand und dem Hirn verstehen und analysieren

möchte. Mir geht es nicht darum, ein korrektes Bild und Sätze für den Kopf zu erschaffen, sondern für das Herz und die Seele eine verständliche Sprache zu kreieren. Dazu stehen gewisse Sätze grammatikalisch »krumm«, damit Schwingung und Energie richtig rüberkommen ... Lies das Buch einfach mit dem Herzen.

Es ist einfacher, all die Dinge, über die ich erzählen werde, nicht als das einzig Richtige oder die absolute Wahrheit anzusehen – es ist meine Sichtweise der Dinge, meine persönliche Erklärung, meine Erfahrung, mein Weg. Ich bin kein Gott und auch keine Heilige, also kann auch ich mich irren. Aber wir Menschen denken gerne, der Inhalt von Büchern, Zeitungen, Artikeln usw. sei unantastbar – wir denken, sie stimmen zu 100 Prozent, und alles andere ist falsch. Dabei wissen wir genau, wie individuell jeder einzelne Mensch ist, und somit ist auch ein Text individuell und beeinflusst von subjektiven Erfahrungen, Meinungen etc.

In diesem Buch wirst du viele interessante und schöne Dinge über Kristallkinder erfahren, doch ich möchte schon von Anfang an sagen: Kristallkinder sind Menschen, so wie du auch ein Mensch bist! Wir haben gewisse Begabungen und Stärken, wie jeder Mensch seine Stärken und Begabungen hat. Also stell die Kristallkinder bitte nicht auf ein Podest, stell dich auf dein Podest. ☺ Wir mögen es überhaupt nicht, wenn jemand

Einstimmung

zu uns hochschaut, denn das verstehen wir nicht, weil wir sehen, dass einfach jeder Mensch super, einmalig und wunderbar ist.

Das Buch ist in drei Teile aufgegliedert. Im ersten Teil erzähle und erkläre ich, was ein Kristallkind ist, wie wir sind, was wir fühlen, woher wir kommen und so weiter. Ich lasse hier verschiedene Menschen zu Wort kommen, die Kristallkinder kennen, mich kennen, mit ihnen leben oder mit ihnen arbeiten. Sie erzählen, was sie unter einem »Kristallkind« verstehen und wie sie es wahrnehmen, wie sie mit ihm umgehen. Damit erhältst du verschiedene Perspektiven und ein facettenreicheres Bild von Kristallkindern. Jeder Mensch ist natürlich von sich selbst beeinflusst und hat eine individuelle Wahrnehmung und Sichtweise, aber wenn mehrere Menschen von verschiedenen Seiten ein Thema betrachten, kommen sie dem Kern recht nahe.
Danach erkläre ich, wie gesagt, die Grundeinstellung von Kristallkindern und erzähle, wie sie so sind, was sie denken und fühlen.

Im zweiten Teil schreibe ich über die Herausforderung, auf der Erde zu leben, was für uns schwierig ist und was wir nicht verstehen. Ich erzähle von unserer Heimat, unserem Ursprung, der Kristallsphäre, wie es dort ist und wie man dort so lebt, denn das hilft auch, uns besser zu verstehen.

Wir Kristallkinder

Im dritten Teil geht es dann darum, wie ich mit meinen Fähigkeiten umgehe und wie ich damit auf der Erde lebe. Somit erhältst du ein umfassendes Bild, wie ein Kristallkind ist.

Am Schluss versuche ich darzustellen, was ich unter einem »Kristallkind« verstehe. Es gibt ja nicht nur eine einzige Wahrheit, sondern jeder hat seine eigene Wahrheit. Du kannst dir also selber rauspicken, was dir passt, und für dich selbst entscheiden, was für dich ein Kristallkind ist.

Einfach gesagt: Ein Kristallkind ist ein Mensch, bei dem alle sieben Sinne vorhanden sind und funktionieren, ein natürlicher Mensch, der einfach viel mehr wahrnehmen kann.

Eine genaue Formel oder eine spezifische Erklärung, was ein Kristallkind ganz genau ist, gibt es nicht. Es gibt auch keine Checkliste, mit der man Kristallkinder bestimmen kann, genauso gibt es keine Personen, die Kristallkinder eindeutig und ganz genau bestimmen oder erkennen können. Nur ein Kristallkind selber weiß, was es ist!

Wir Kristallkinder haben eine eigene Grundeinstellung zum Leben; wir tragen einfach eine bestimmte Wahrheit in uns. Es ist einfach so, dass wir anders schwingen, in unserer eigenen Schwingungsfrequenz – und Frequenzen kann man schlecht in Worte fassen. ☺

Einstimmung

Noch einmal: Am schönsten und einfachsten ist es, wenn du das Buch mit dem Herzen liest. Um das zu vereinfachen, kannst du dich gemütlich einrichten, bequeme Kleider anziehen, Kerzen anzünden, dich bequem hinsetzen oder hinlegen, schöne Musik auflegen, dich wohlfühlen und dein Herz öffnen. Du darfst deine Seele entspannen, dieses Buch mit allen Sinnen genießen und auf dich einwirken lassen. Viel Spaß! ☺

Der Blick von außen

Die Kristallwellen

Geschrieben von Carolina Hehenkamp (Heilerin und Autorin zahlreicher Bücher zum Thema der Indigokinder, z. B. »Das Indigo Phänomen: Kinder einer neuen Zeit. Das Geschenk der Indigo-Kinder«, Schirner 2006)

Durch die steigenden Energien, ausgelöst von einem alle 13.000 Jahre wiederkehrenden Zykluswechsel, kommen immer höher schwingendere Wesen zur Erde.

Den Pionieren, die nach dem Zweiten Weltkrieg kamen – einer davon bin ich –, folgten die Vorreiter-Indigos. Sie kamen in den Fünfziger- und Sechzigerjahren zur Erde. Viele von ihnen sind unsere heutigen Alternativmediziner und Nanotechnologie-Forscher. Da die Energien jedes Jahrzehnt weiter anstiegen, war es möglich, dass immer mehr Wesen auf einer

Wir Kristallkinder

höheren Inkarnationsschwingung geboren wurden.

Anfang der Achtzigerjahre war endlich die solide Basis gelegt. Riesenwellen von Indigos, die einander schnell folgten, konnten verstreut auf alle Kontinente kommen.

Diese Kinder hatten einen guten Zugang zu Fähigkeiten wie Hellsehen und -fühlen und zu den vierten und fünften Dimensionen des Lichtes. Dadurch waren sie schnell im Denken, oft intelligenter als vorherige Generationen, sehr sensitiv, kreativ und intuitiv. Vor allem aber waren sie eigensinnig, unbeirrbar und klar in ihrer Wahrnehmung der Erwachsenen, der Welt, der Gesellschaft und des Zusammenlebens. Sie waren ja gekommen, um alteingefahrene Strukturen zu stürzen und die Menschen aufzurütteln, egal wie! Sie schrien förmlich: »Wacht auf!« Sie sorgten für viel Unruhe unter den Eltern und Lehrern sowie bei den Regierungen etc., aber sie bereiteten damit auch das Feld für eine neue Welle vor, die Ende der Neunzigerjahre begann, über die Welt zu rollen: die *Kristallwelle*.

Diese Kinder waren ganz anders als die Indigos: lieb, sanft, voller Mitgefühl und Ruhe. Sie

Der Blick von außen

schauten einen mit riesengroßen Kulleraugen an, und manch einer fühlte sich direkt in der Seele berührt. Sie waren telepathisch begabt, und recht viele redeten bis zum Alter von vier Jahren (außer vielleicht in ihrer *Lichtsprache*, die wörtlich nicht zu verstehen war) kaum.

Jetzt gibt es in der ganzen Welt viele von ihnen. Sie brauchten ihre älteren Brüder und Schwestern – die Indigos –, um alles vorzubereiten, sonst hätten sie nicht kommen können, da der Energieschock zu groß gewesen wäre.

Wir müssen uns darüber klar sein, dass es für diese Kristallkinder oft nicht leicht ist, hier mit uns zu leben. Die Erwachsenen haben eine sich recht langsam bewegende, niedrig schwingende Energie, und sie – auch die Indigos – schwingen viel höher.

Diese Differenz macht es ihnen sehr schwer, in Balance zu bleiben sowie aufmerksam und kommunikativ zu sein. Die unterschiedlichen Energien stoßen hart aufeinander. Meist werden die Kinder von unserer niedrigen Energie heruntergedrückt und können sich nicht mehr »bewegen«. Ihre Energien fließen nicht mehr frei, was auf viele Dinge des täglichen Lebens einen negativen Einfluss hat.

Da viele Eltern sich hierüber nicht bewusst sind, kann das zu großen Problemen führen; weltweit erleben wir dies seit Jahren. Leider sind die Probleme durch das Verschreiben von Psychopharmaka oder oft gemachte Fehldiagnosen – wie Autismus, ADS und andere Defiziterkrankungen – nicht weniger geworden.

Diese Kinder können Energien hoher Dimensionen kanalisieren und auf die Welt bringen, brauchen jedoch Ruhe und Verständnis für ihr Anderssein. Sie sind wahre Heiler und zeigen uns durch ihr Verhalten, wovon wir träumen – von einer Welt, die in Frieden und Fülle lebt. Negative Gedanken und Emotionen blockieren jedoch noch die meisten Erwachsenen, und viele erkennen nicht, dass auch sie gefordert sind, sich zu Indigo- oder Kristallmenschen zu entwickeln.

Diese Entwicklung ist weltweit in vollem Gange, und jeder ist ein Teil davon. Wir sind EINS. Die Kristallkinder leben schon im Kollektivbewusstsein, während wir noch daran gewöhnt sind, im Individualbewusstsein zu leben, doch

Der Blick von außen

sie zeigen uns, wie es funktioniert. Wir müssen nur lernen, gut hinzuhorchen, gut hinzuschauen und zu erlauben, dass sich unser Herz öffnet.

Probiert es – es tut gut und bringt viel Gleichgewicht in die Familie!

Carolina Hehenkamp
(www.indigokinder.de)

Das Zusammenleben mit Lena

Geschrieben von Irene Portmann (Primarlehrerin, Mutter und Lichtarbeiterin)

Anfang Januar 2008 erhielt Lena von ihren inneren Ebenen die Anweisung, ihre Wohnung aufzulösen, was sie umgehend tat. Bald erfuhr sie auch, dass sie zu mir ziehen sollte, und Ende Januar stand sie mit Sack und Pack da und bezog das Zimmer, das sie kurz zuvor für sich ausgewählt hatte.

›Wie wird das Zusammenleben sein?‹, fragte ich mich verunsichert, als ich erfuhr, dass die 22-jährige Lena kommen wird. Ich war damals eine 56-jährige, seit kurzem allein lebende Primarlehrerin; meine eigenen drei Kinder waren erwachsen geworden und ausgeflogen, und zum ersten Mal in meinem Leben konnte ich

Wir Kristallkinder

dieses genau nach meinen Bedürfnissen gestalten. Würde ich mich gegenüber Lena behaupten können? ›Sie wird in meiner Wohnung sein und sich an meine Ordnung halten müssen‹, sagte ich mir. ›Vor allem möchte ich, dass die Küche aufgeräumt ist. Lena ist nicht meine Tochter, und ich bin nicht verantwortlich für sie‹, tröstete ich mich.

Trotz meines Widerstandes spürte ich deutlich, dass es gut für mich ist, dass Lena kommt – gut für mich und für unser Projekt, die Schule mit Herz, eine Schule, die für Indigo- und Kristallkinder entwickelt wurde *(www.schulemitherz.ch)*. Ich merkte, dass ich eine Chance verpassen würde, wenn sie nicht kommen würde. Unsere Schulgründungsgruppe hatte sich das Mitwirken von jungen Menschen gewünscht, damit wir unser neues Erziehungskonzept umsetzen könnten.

Lena nennt sich »Kristallkind«. Ich hatte schon einiges über Indigos und Kristallkinder gelesen, und für mich bedeutet diese Bezeichnung nicht, dass diese Kinder besser oder wichtiger sind als andere; sie sind Puzzleteilchen, die gebraucht werden, um die neue Welt zu erschaffen. Wir Älteren haben das Fundament

Der Blick von außen

gelegt, damit diese Kinder kommen können. Wichtig ist das Zusammenspiel. Ich erlebte als Pubertierende die 68er und sympathisierte mit den Hippies. Auch wir hatten viele Ideen für eine bessere Welt und versuchten so zu leben, wie es uns gut erschien. Ich bin überzeugt, dass jede neue Generation mit einem weiteren Bewusstsein und weniger Trennungsprogrammierungen als die vorhergehende zur Welt kommt.

Was bringt mein Zusammenleben mit dem Kristallkind Lena mit sich?

Ich erlebe sie als selbstbewusst. Sie beansprucht, was ihr zusteht. Sie ist sich selbst treu, ist mutig, konsequent und wahrhaftig. Sie ist mit ihrem Innersten in Verbindung, steht im Dialog damit und weiß viel, weil sie es auf den inneren Ebenen selbst erlebt und erfahren hat und sich daran erinnern kann. Darum hat sie auch Sehnsucht nach dem Einssein, das sie von ihrem Heimatplaneten her kennt, den sie nicht vergessen hat. Sie lebt vorwiegend im Jetzt, entscheidet von einem Moment zum anderen.

Sie plant wenig, lebt nach ihren inneren Impulsen und tritt in Fettnäpfchen – oft unbewusst, manchmal bewusst, weil sie gewisse Spielchen nicht mitmacht.

Das kann sehr provozieren, ist jedoch eine Chance, eigene Programmierungen zu erkennen, nicht zu urteilen, sondern anzunehmen, was ist, und zu üben, keine Erwartungen zu haben. Dazu braucht es Vertrauen statt Angst und Kontrolle.

Wenn ich mich nicht liebe, mir nicht vertraue, immer Recht haben und alles kontrollieren will, habe ich Probleme mit Lena, denn sie spiegelt mir meine unerledigten Dinge wider. Umgekehrt ist es natürlich genauso. Wenn sie heftig reagiert, steckt auch bei ihr eine Angst oder Verletzung im Hintergrund. Das Schöne ist, dass ich mit Lena darüber sprechen kann. Wir müssen einander nichts vormachen, nichts beschönigen, nichts verteufeln.

Dies hilft mir herauszufinden, was ich wirklich will, es unterstützt mich, bei mir zu bleiben, zu mir zu stehen sowie meine Denkmuster und Ansichten zu untersuchen. Immer wieder kann ich mich fragen: Ist das, was ich meine, wirklich wahr? Ist es wichtig, dass ich etwas

Der Blick von außen

genauso und nicht anders mache? Ist es wichtig, dass ich es gerade jetzt mache?

Was macht mir Freude? Mache ich etwas, um Anerkennung und Liebe zu erhalten oder um gut dazustehen?

Funktioniert ein Zusammenleben wirklich ohne Kontrolle, ohne Planung, ohne Absprache und Abmachungen, wie Lena das glaubt?

Es ist eine Gratwanderung, der Weg zwischen den Gegensätzen. Wann bin ich im Ego, wann bin ich eine Göttin, das heißt, wann bin ich wirklich mit meiner Seele verbunden?

Ich erlebe mit Lena alle Facetten. Fehler machen ist erlaubt, ja erwünscht, und ich darf so sein, wie ich bin. Ich muss nicht perfekt sein. Lena lacht und singt und freut sich am Leben. Sie ist sehr spontan, offen, sie geht auf Menschen zu und erzählt, was sie gerade beschäftigt. Im nächsten Moment stimmt sie das Heimweh nach ihrem Planeten sehr traurig, und das Leben hier auf der Erde irritiert sie völlig.

Oder ich erlebe sie als junge Frau, die andere mit ihrer Liebe und Weisheit heilt, ihnen durch ihre Lebensweise eine neue Perspektive aufzeigt. – Ich erlebe sie als einen Menschen, der dem Himmel, der Seele entgegenwächst, um so ihr Zuhause zu finden, und zwar hier und jetzt auf der Erde.

Eltern sein von Lena

Geschrieben von Walter Giger (Vater und Key Account-Manager), ergänzt von Monika Giger (Mutter und Kindergärtnerin)

Meine Tochter Lena ist ein absolutes Wunschkind. Sie wurde am 28. April 1986 nach einer zwar langen, aber normalen Geburt in Horgen am Zürichsee geboren. Im Spital Horgen wurden auch ich und Lenas zwei Jahre jüngerer Bruder Jonas geboren. Nach der Geburt musste ich meine »neue« Familie verlassen und alleine nach Hause; das war kein schöner Moment.

In dieser Zeit erlebten wir aber auch einige Stress-Situationen. Lenas Großvater, mein Schwiegervater, wurde drei Tage vor der Geburt arbeitslos, und der Reaktorunfall in Tschernobyl war zur selben Zeit. Ihr anderer

Großvater, mein Vater, starb vier Wochen später an Krebs. Ich nannte Lena damals immer »Sonnenschein«, denn sie hat Licht in meinen dunklen Schmerz über den Verlust meines Vaters gebracht.

Lena kam nach fünf Tagen im Spital mit ihrer Mama nach Hause. Das Stillen klappte hervorragend, Lena nahm schnell an Gewicht zu und ihr Gesundheitszustand war tipptopp; wir hatten große Freude an ihr. Sie spuckte zwar immer, wenn sie wach war, aber wie heißt es im Volksmund: »Speit Kind, gedeiht Kind«. Durch das Spucken konnten wir Lena nicht beliebig »knuddeln«; sie hat tagtäglich sich und unsere Kleider vollgespuckt. Ohne »Nuschi« um den Hals war sie nie zu sehen. Ihre Mama wünschte sich zu Weihnachten, dass dies doch endlich aufhören sollte – und so kam es auch: Pünktlich zu Weihnachten, als Lena acht Monate alt war, hörte das Spucken auf.

Lena kam überallhin mit und war immer ruhig und fröhlich. Geweint wurde selten, geschrien beinahe gar nicht. Einmal in den Ferien auf Kos, sie war gerade fünf Monate alt, wurden wir im Speisesaal sogar gefragt, ob denn in der Tragetasche auch wirklich ein lebendiges Baby

Der Blick von außen

sei ... Sie wuchs heran und strahlte immer alle an, eben ein Sonnenschein.

Kurz vor ihrem zweiten Geburtstag kam Jonas zur Welt. Auch er war ein Wunschkind, und wir hatten große Freude daran, dass wir nun ein »Pärchen« hatten.

Mit elf Monaten bekam Lena Pseudokrupp. Es war eine schwierige Zeit für uns und für sie. Sie hatte öfters richtige Atemnot, vor allem in der Nacht. Ich habe in dieser Zeit sehr schlecht geschlafen, weil das mögliche Ersticken meiner Tochter mich in Wachstellung versetzt hatte. Unser einziger Trost war, dass diese Krankheit sich herauswachsen würde; dies ist dann auch eingetreten.

Lena war immer freundlich zu allen Menschen. Manchmal hatten wir auch Angst, dass sie mit jedem mitlaufen würde. So mussten wir sie doch häufig ermahnen, unbekannte Menschen zu meiden. Im Mutter-Kind-Turnen machte sie alles mit, obwohl ihre Hüfte nicht die ideale Sportvoraussetzung bot. Auch heute betreibt sie sehr wenig Sport, Spitzensport schon gar nicht; dies hat aber auch einen anderen Grund: Schon im zarten Kindergartenalter machte sie nie bei Wettkämpfen mit. Sie hat sich immer

auf die Seite gesetzt und diese »Spiele« boy-
kottiert.

Sie konnte sich aber stundenlang mit sich selbst
und ihren Spielsachen beschäftigen, so dass
wir immer wieder nachschauten, ob sie überhaupt noch in ihrem Zimmer war. Ein Lego-
haus wurde nie gebaut, ohne dass vorher ein
detaillierter Plan gezeichnet worden war. Wenn
sie mit »Gspähnli« spielte, war es meist so, dass
sie bestimmte, was gespielt wird. Wir haben
schnell gemerkt, dass sie ein Alphatierchen ist,
und wir haben es uns zum Ziel gemacht, unsere Kinder möglichst schnell selbstständig werden zu lassen. Wir haben immer versucht, ihr
Selbstvertrauen zu fördern und zu stärken.
Trotzdem war sie sehr folgsam und hat uns
keine großen Schwierigkeiten gemacht.

Auch im Dorf war sie gerne gesehen, und meine Bekannten vermeldeten immer wieder:
»Lena grüßt immer so freundlich.« Lena war
auch sehr lieb zu ihren Cousinen. Schon mit
zehn Jahren hütete sie die Zwillinge und wi-
ckelte sie am Morgen selbstständig. Bei jedem
Familienfest kümmerte sie sich um die Cousinen und spielte mit ihnen, so dass wir Erwachsenen keinen »Kinderstress« hatten.

Wenn sie mal bei Kameraden gespielt oder gar
übernachtet hatte, wollte sie nicht gerne nach

Der Blick von außen

Hause kommen. Sie fühlte sich überall sehr schnell wohl.

In der Schule war Lena fleißig und hilfsbereit. Sie unterstützte immer die Schwächeren und war beflissen, Harmonie zu erreichen. Einmal hatte ein Junge in die Hose gemacht, und alle haben ihn ausgelacht. Da hat sich Lena für den Jungen eingesetzt und die anderen zur Vernunft gebracht mit den Worten, das könne ja schließlich jedem passieren. Musik und Theater, anfangs auch noch Ballett, übte sie gerne aus. Sie spielte Blockflöte, mit Mama Klavier, anschließend Gitarre, dann gab es Gesang und anschließend spielte sie wieder Klavier. Es gab aber kein Instrument, welches sie länger als drei bis vier Jahre spielte, dann musste etwas Neues gemacht werden. Mit ihrer Klavierlehrerin Veronica hatte Lena trotzdem ein spezielles Verhältnis: Sie hat mit ihr viel über spirituelle Dinge diskutiert. Aus meiner Sicht hat sie in dieser Zeit ihre Fähigkeiten entdeckt. Im ersten Klassenlager, etwas früher, hatte sie bereits ihre Fähigkeiten zur Tierkommunikation erfahren. Sie kam nach Hause und erzählte, dass die Kühe vor allen Schülern davonrannten. Als aber sie eine Kuh rief, kam diese auf sie zu.

Wir Kristallkinder

In dieser Zeit war für mich auch eine erste Pubertätsphase spürbar: Auflehnung gegen die Eltern, Übertreiben von eher banalen Problemen und neue Erfahrungen außerhalb des Elternhauses. Mit vierzehn Jahren wurde sie beim Elterngespräch vom Klassenlehrer nach ihrem Berufswunsch gefragt. Lenas Antwort war, sie habe noch keinen Beruf gefunden, welcher alle ihre Interessen beinhalte. Sie ging nicht oft in Discos, wenn sie aber ging, rauchte und trank sie nie, höchstens Wasser aus dem Wasserhahn, denn sie wollte nicht riskieren, eine Droge untergemischt zu bekommen. Sie war sehr zuverlässig in Abmachungen, obwohl das Einhalten solcher immer wieder zu Diskussionen führte, denn sie wollte frei sein und keine Vorschriften einhalten müssen.

Lena wirkte mehrmals in verschiedenen Theaterstücken mit. Die Rollen hat sie immer mit großem Einfühlungsvermögen dargestellt, am liebsten natürlich in der Hauptrolle.

Es kam die Zeit des Gymnasiums. Lena hatte keine großen Probleme mit dem Lernen. Alles, was sie aufmerksam hörte, war bereits gelernt. Mühsames Auswendiglernen war für sie kein Thema. Mathematik war logisch und ebenso wie Physik und Chemie kein Problem für sie.

Der Blick von außen

Auch in Biologie war sie sehr gut, sie verstand die Zusammenhänge und konnte sehr gut vernetzt denken. Ich war manchmal verwundert, woher sie das alles so schnell gelernt hatte. In den Sprachen hatte sie dagegen eher Mühe und musste einige Niederlagen einstecken. Das war aber nicht in ihrem Sinn; sie fühlte sich nicht verstanden. Es kam zu vielen Auseinandersetzungen mit dem Deutschlehrer, denn Lena kämpfte gegen Ungerechtigkeit und das System, nicht immer mit Recht – und auch nicht immer zu ihrem Vorteil. Als Klassenchefin mit »altklugem« Verhalten hat sie sich zudem nicht immer Freunde gemacht. Auch hier kam ihre »Alphatierchen-Eigenschaft« zur Geltung. Sie hatte wenige lange und tiefe freundschaftliche Beziehungen mit männlichen oder weiblichen Personen. Mehrmals kam sie nach Hause und beklagte sich über eine falsch bewertete Prüfung. Meist ging sie dann auch auf den Lehrer zu und verlangte im offenen Gespräch eine Korrektur der Note – mit Erfolg.

Sie war sehr viel in ihrem Zimmer, arbeitete für die Schule, bastelte Schmuck oder ein Sandbild – meist für sich alleine. Wir hatten viele Auseinandersetzungen mit ihr. Vor allem mit ihrer Mutter hatte sie immer wieder Stress wegen »kleiner« Aufgaben, die nicht erledigt, oder Regeln, die nicht eingehalten wurden. Mit Familienrat-Sitzungen haben wir versucht, das Zusammenleben ordentlich zu regeln, aber Regeln und Vorschriften liebt Lena nicht so sehr. Wir haben viel miteinander diskutiert und auch auf Initiative von Lena hin professionelle Hilfe beansprucht. Fazit: Viel gelernt – nicht alles erreicht.

Ungefähr zur Zeit der Matura lernte sie einen 30-jährigen Mann kennen, ihren späteren Freund. Die Beziehung zu ihm war sehr intensiv, und in dieser Zeit durchlebte Lena durch Schul- und Elternstress eine zweite Pubertätsphase. Für mich war es sehr erstaunlich, wie heftig diese Ablösephase ausbrach. Sie konnte die ewigen Diskussionen über das Einhalten der Regeln und das Erfüllen von Aufgaben nicht erdulden und zog dann mitten im Matura-Abschluss zu ihrem Freund nach Chur. Diese plötzliche Ablösung war für mich eine harte Trennung, aber Lena hatte sich entschieden, und ich hatte das zu respektieren. Für Lena war das auch nicht sehr einfach, trotzdem schaffte sie die Matura – eine Meisterleistung. Ihr Freund fragte einmal: »Warum weiß Lena Dinge, welche sie nie gelesen hat?« Sie hat Wissen, ohne es je gelernt oder gelesen zu haben.

Der Blick von außen

Trotz dieser Trennung blieb sie mit uns sehr verbunden und versuchte immer wieder, Harmonie und Disharmonie in Einklang zu bringen.

»Normale« junge Menschen machen nach dem Gymnasium ein Studium in irgendeiner Richtung. Die Wahl der Richtung war für Lena eine schwierige Situation, nicht weil sie keine Interessen hatte, sondern weil sie zu viele Interessen hatte. Nach langem Hin und Her, ob Architektur, Mathematik, Biologie oder Gesellschaftswissenschaften das Richtige wäre, entschloss sie sich, ein Zwischenjahr zu machen. Verschiedene Dinge wurden organisiert. Unter anderem war sie als Animateurin auf Ibiza. Doch da war ein System, dem sie sich unterordnen musste, und das ist, wie wir ja schon wissen, nicht Lenas Stärke.

Nein, ihre Stärke liegt in der Eigeninitiative und Selbstständigkeit. Ihre Weitsichtigkeit hat sie dann auch dazu bewegt, kein Studium zu machen, sondern mit einer eigenen »Firma« in Tierkommunikation und spiritueller Beratung tätig zu sein. Sie hat mehrmals gesagt: »Ich will kein Studium machen, wenn ich jetzt schon sehe oder fühle, dass ich in diesem Beruf nie arbeiten werde.«

Wir Kristallkinder

Eine eigene Homepage zu erstellen war für sie kein Problem. Was sie will, erreicht sie.

Ihre spirituellen Fähigkeiten erweiterte sie in verschiedenen Kursen. Die beratende Tätigkeit macht ihr viel Freude; sie muss aber immer wieder aufpassen, dass sie »auf dem Boden« bleibt und ihre Energie nicht vergeudet.

Mit ihrem Urvertrauen in das Gute und die Liebe, manchmal fast naiv, geht sie weitsichtig und feinfühlig durchs Leben. Angst kennt sie nicht. »Es kommt sowieso alles so, wie es muss. Alles ist vorausbestimmt, macht euch keine Sorgen.«

Mit viel Liebe und Hingabe beschäftigt sie sich in den kommunikativen, spirituellen Tätigkeiten. Sie versprüht Freude und Zufriedenheit auf der einen Seite, kann auf der anderen Seite aber auch sehr direkt und verletzend sein.

Wenn sie etwas will, sind ihr fast alle Mittel, die zum Ziel führen, recht. Aufrichtigkeit, Ehrlichkeit und Liebe sind für sie von hoher Bedeutung, wenn für uns auch nicht immer direkt spürbar. Sie will auch uns Eltern lenken und steuern, doch wir haben den Sinn oder die Wahrnehmung (noch) nicht, mit welcher sie uns allen helfen will.

Allgemein bin ich der Meinung, dass der »Alphatier-Charakterzug« bei einem Indigo- oder

Der Blick von außen

Kristallkind nicht zur Entschuldigung von Fehlverhalten herangezogen werden darf.

In Diskussionen mit Lena staune ich immer wieder, wie schnell sie Zusammenhänge und Verhaltensmuster erkennen kann. Ihre große Fähigkeit des Analysierens und Vernetzens ist bewundernswert, und psychologische Hintergründe kann sie entdecken und ergründen, um Situationen zu deuten.

Der Blick von innen

Die Grundeinstellung von Kristallkindern

In diesem Kapitel gehe ich genauer auf die Grundeinstellung, die Eigenschaften und Fähigkeiten der Kristallkinder ein. Dabei muss man sich aber immer wieder daran erinnern, dass ich hier den reinen Kristallteil beschreibe und dass diese Fähigkeiten jeder Mensch hat – nur leider haben die meisten sie vergessen. Das heißt, wir Kristallkinder haben auch einen menschlichen Teil, also ein Ego, Verstand und alles, was dazugehört, denn wir leben hier auf der Erde, wo es viele Muster, Ängste und Sorgen gibt, die uns auch beeinflussen.

Liebe

Liebe ist das Schönste, Mächtigste, Größte, Wundervollste, Dankbarste ... auf der Welt. Mit Liebe kann man alles lösen und heilen. Liebe ist die Lösung für alle Probleme. Mit der Liebe können wir alles sehen,

Wir Kristallkinder

alles genießen ... Liebe verbindet alles, macht alles ganz. Liebe ist der Anfang und das Ende.

Ja, ich könnte jetzt noch seitenlang weiterschwärmen und hätte dann immer noch nicht ausgedrückt, was Liebe ist. Ich spreche natürlich von der bedingungslosen, freien, reinen Liebe. Die Menschen reden oft von Liebe, meinen aber etwas ganz anderes. Viele »Liebes«-Beziehungen bestehen aus Pflichten, Erwartungen, Besitztum, Verantwortungslosigkeit, »Unerwachsensein«; für Liebe ist dort kaum Platz. Doch die Liebe kennt keine Grenzen, sie kennt keine Regeln, sie kennt keine Bedingungen, keine Angst und keine Schmerzen. Sie ist einfach. Sie ist frei wie eine Feder im Wind.

Wir Kristallkinder tragen sehr viel Liebe in uns – und strahlen sehr viel Liebe aus. Liebe ist unsere Botschaft. Wir lieben alles und jeden, und wir verzeihen. Wir begegnen allem und jedem mit Liebe. Doch auf das, was manche Menschen manchmal Liebe nennen, reagieren wir allergisch. Wir spüren sofort, ob uns jemand wirklich liebt – oder ob er etwas von uns will und deshalb lieb ist. Ich bin oft traurig, weil die Menschen meine Liebe nicht verstehen oder nicht annehmen können. Wenn ich etwas schenke, dann aus voller Überzeugung und Liebe. Manche Menschen spüren diese hohe Liebesschwingung nicht, missverstehen meine Liebe, oder sie erlauben es sich nicht – das ist schade. Dann ziehen wir Kristallkinder uns zurück und schenken dieser

Der Blick von innen

Person in Zukunft keine Liebe mehr – oder wir bombardieren sie mit Liebe, bis sie es zulässt.

Wir brauchen auch ganz viel Liebe, körperliche wie geistige. Kristallkinder sind meist sehr anhänglich und verschmust. Und ehrlich gesagt gibt es ja auch nichts Schöneres als Schmusen, Kuscheln und Liebe austauschen ...

Oft vermissen wir auch die Liebe hier und fühlen uns einsam. Mir hilft es dann am meisten, wenn ich in die Natur gehe und ihre Liebe spüre, oder wenn ich mit Tieren zusammen bin, denn beide, Tiere und Natur, strahlen sehr viel Liebe aus – und zwar reine, echte und bedingungslose Liebe.

Vertrauen

Wir Kristallkinder tragen ein großes Vertrauen in uns. Jedes Kind trägt erst einmal ein Riesenvertrauen in sich, es rennt einfach drauflos, egal ob es umfällt oder nicht, einfach instinktiv. Genauso wie dieses Kind wissen wir Kristallkinder, dass alles gut ist, wir wissen, dass alles so kommt, wie es kommen soll und wie wir es uns wünschen. Alles ist perfekt, alles geschieht nur, weil wir es so wollen, weil wir es so für uns geplant haben. Ich, mein irdisches Sein, weiß vielleicht nicht mehr, warum ich eine sehr schmerzhafte Partnerschaft wollte, aber

Wir Kristallkinder

mein höheres Selbst weiß es genau. Also brauche ich nicht zu zweifeln oder Angst zu haben, weil alles Sinn macht, weil alles von uns selber geplant ist – von uns als großartigem Wesen, das in mehreren Dimensionen verankert ist. Dieses Vertrauen, dass alles gut ist, dass alles so kommt, wie es soll, tragen wir in uns. Also warum sollen wir uns beeilen? Warum sollen wir uns quälen? Warum sollen wir uns abmühen und abrackern? Wir wissen, dass alles so kommt, wie es sein soll. Das heißt aber nicht, dass uns alles scheißegal ist, es heißt lediglich, dass wir vertrauen.

Wir sind auch gutgläubig und glauben fast alles. Das ist sehr gut, denn schlussendlich spielt es keine Rolle, ob etwas richtig oder falsch ist; es gibt kein »richtig« oder »falsch«. Auch da vertrauen wir wieder, dass uns genau das über den Weg läuft, was wir wollen und brauchen. Warum sollen wir uns abmühen und abchecken, ob das jetzt richtig oder falsch ist? Es fühlt sich gut an – gut, oder ich will daran glauben – auch gut, basta. Der Glaube ist so wichtig und wertvoll. Der Glaube versetzt Berge.

Wissen

Wir wissen nicht genau, warum oder woher wir dieses Wissen haben. Das ist aber auch gar nicht wichtig, es ist einfach da. Es ist ein Universalwissen, das jeder Mensch in seinem Herzen trägt. Da wir einen guten Zu-

Der Blick von innen

gang zu unserem Herzen haben, noch ganz rein sind und wenige Muster haben, können wir das Wissen von unserem Herzen hören. Dieses Universalwissen ist sehr kostbar, denn es ist göttlich. Wenn uns jemand nicht glaubt oder sagt: »Das kannst du ja gar nicht wissen«, ist das eine Beleidigung für uns. So können wir es kaum ausstehen, wenn wir belehrt werden, vor allem, wenn es um geistige Themen, den Sinn des Lebens oder Spirituelles geht.

Über die Gesellschaft, ihre Regeln, die hier herrschen, über den Umgang mit den vielen Gefühlen, die es hier gibt, wissen wir tatsächlich nicht viel. Aber das interessiert uns auch nicht groß; wir haben unsere eigenen Gesetze und Regeln. So akzeptieren wir unsinnige oder unlogische Regeln nur schwer; wir befolgen sie nur, wenn sie Sinn machen. Ich habe meinen eigenen Terminplan, und der wird eingehalten. Auch wenn der Plan meiner Familie »9 Uhr abfahren« ist: Ich putze meine Zähne gründlich und mit viel Zeit, so wie ich es jeden Tag mache. Es ist mir dann ziemlich egal, ob ich zu spät komme oder nicht. Ich werde nicht gerne gestresst und lasse es auch nicht zu.

Es gibt so viele Regeln und Gesetze, die in unseren Augen, in unserem Verständnis und mit unserem Wissen keinen Sinn machen, und dann folgen wir ihnen auch nicht. Wir wissen, was gut und was unsinnig für uns ist. Ich räume mein Zimmer nicht auf, wenn ich innerlich ein großes Durcheinander habe. Wenn ich aufräume,

♥ 45 ♥

Wir Kristallkinder

dann richtig, und das fängt innerlich an. Ich sehe auch keinen Sinn in der Krankenkasse; wieso rechne ich damit, dass ich krank werde? Ich gehe davon aus, dass ich gesund bin.

Das Ganze soll jetzt aber nicht dazu verleiten, dass du Kristallkinder auf ein Podest stellst und ihnen absolut alles glaubst. Es soll lediglich sagen, dass wir sehr viel wissen, was für die Gesellschaft oder unseren Verstand nicht nachvollziehbar ist, egal in welchem Alter wir sind. Viele Menschen begegnen mir mit Hochmut und Arroganz. Sie haben das Gefühl, weil sie schon länger hier auf der Erde leben und einen älteren Körper haben, wissen sie mehr. Riesenirrtum! Wir wissen sehr viel, egal ob wir drei, zehn oder 30 Jahre alt sind.

Wir wissen und fühlen, was andere brauchen, was sie falsch machen, was sie ändern könnten, welche Energien da mitspielen und so weiter. Wir wissen, wie es auf der Erde funktionieren sollte. Wir wissen, wie eine Beziehung energetisch und auch menschlich sein sollte, wie Sexualität sich anfühlen sollte und Ähnliches. Das wissen wir, weil wir noch nicht so tief in die Materie eingetaucht sind, noch eine sehr hohe Schwingung in uns tragen und noch auf unsere Gefühle hören. Durch das viele Inkarnieren und Eintauchen in die Materie – also einfach tiefe Schwingungen –, haben sich die meisten an die neuen komischen Energiemuster und Bänder

Der Blick von innen

gewöhnt und längst vergessen, dass es auch leicht und einfach sein kann, oder sie haben verlernt, wie man die Energie richtig nutzen kann, damit sie gut tut und auch Umgebung und Natur zufrieden sind. Wir sind hier, um euch daran zu erinnern, wie schön und einfach das Leben sein kann, wenn wir wieder zum Ursprung, zu uns zurückfinden und das alte Wissen, das jeder in sich trägt, auffrischen. ☺

Wir kommen aus der Zukunft. Wir tragen die zukünftige Energie in uns und sind hier, um euch diese Energie und das Wissen zu zeigen. Jeder trägt es in sich, in seinem Herzen, es ist nur ein bisschen verborgen. Von daher ist es sehr hilfreich, den Kristallkindern zuzuhören und sie als volle Persönlichkeit anzunehmen, egal wie alt sie sind. Jedoch wissen wir nicht, wie die Gesetze auf der Erde momentan funktionieren. Wir müssen lernen, wie es jetzt ist, lernen, die komischen Gefühle zu verstehen, die tiefe Schwingung zu verstehen; und die Menschen können lernen, wie es sein wird.

Wir sind auch meganeugierig. Wir wollen alles wissen – wie der Körper funktioniert, wie Sexualität ist, alles, denn am Menschen sind wir sehr interessiert, an jedem einzelnen. Das führt dazu, dass wir gerne Leute beobachten, manchmal ganz lange, bis wir ihr Wesen erfasst und jedes Detail gesehen haben. Wir »scannen« diese Leute regelrecht und durchleuchten ihr ganzes System – die feinstofflichen Körper, Seele und Körper. Leider

Wir Kristallkinder

führt das ab und zu auch zu Missverständnissen, zum Beispiel, wenn ich einen Mann länger beobachte; er hat dann das Gefühl, ich habe Interesse an ihm. Ich habe ja auch Interesse an ihm, aber nicht so, wie er denkt ... Mich interessiert einfach, wie er ist, wie er lebt, was er so denkt, aber es ist nicht das Interesse an einer Partnerschaft oder Ähnlichem. Einige Menschen fühlen sich auch bedroht oder belästigt, wenn ich sie anschaue, durchschaue oder durchleuchte. Ein Freund hat mir erzählt, dass ich alle Leute »scanne«. Er hat gemerkt, dass, wenn wir in einem Restaurant sitzen und eine Person den Raum betritt oder vorbeiläuft, ein Teil von mir abwesend ist und diese Person anschaut, durchschaut. ☺ Ich checke die Leute also schnell ab, mache das aber unbewusst; auch die Infos sind dann unbewusst gespeichert, aber ich kann sie abrufen. So kann ich, je nachdem wie ich gerade will, von einer Person fast alles abrufen und abfragen. Diese Informationen nutzen wir aber immer nur zum Wohle aller Menschen; uns kommt es nicht einmal in den Sinn, diese gegen jemanden zu nutzen oder ihn bloßzustellen. Meistens spüre ich sowieso schon viel mehr, als mir lieb ist, und ich möchte deshalb bewusst auch gar nicht mehr wissen. In einer Beratung ist das jedoch sehr praktisch. Ich musste allerdings erst lernen, diese Infos unbewusst zu speichern oder nicht alles wissen zu wollen, denn wenn du zum Beispiel plötzlich weißt, dass dein Lehrer dich total sexy findet, wird es unangenehm ...

Feingefühl

Wir nehmen viele Energien auf und unterstützen die Menschen bei ihren Problemen – das heißt, wir nehmen die Probleme anderer wahr, lösen sie auf oder spiegeln sie.

Wenn eine Klassenkameradin einen Vortrag hielt, war ich nervös, sie selbst dagegen weniger. Meine Freundin sagte mir einmal, dass sie auf die Toilette müsse, aber es gab keine in der Nähe. Später fragte sie mich, ob ich »das« jetzt übernommen hätte, denn seit sie mir erzählt hatte, dass sie zur Toilette musste, spürte sie keinen Druck mehr auf der Blase – dann hatte ich plötzlich das Gefühl, auf die Toilette zu müssen. So halten wir es auch kaum aus, wenn Leute streiten, weil wir dann die ganze Energie aufnehmen und umwandeln oder ganz stark spüren. Ich nehme auch die negative Schwingung wahr, wenn sich Leute streiten. So kann es vorkommen, dass ich während eines Streites einfach davonlaufen muss, weil ich diese Schwingung nicht mehr aushalte. (Gerade bei Streitereien kommt es aber natürlich auf die Art des Streites an; wenn es nur doofes und unnützes Energieverschwenden ist, mögen wir das nicht. Wenn es aber ein klarer Streit ist, in dem jeder den anderen respektiert und sich ausdrücken kann, ist das voll schön.)

Wir können also zwar viel Energie aufnehmen, aber wir müssen sie wieder ablagern. Vor allem müssen wir unsere Mitmenschen ihre Energie selber tragen lassen. Wir

Wir Kristallkinder

wissen so viel, sehen viel und wollen allen zeigen, wie sie ihr Leben einfacher und besser gestalten können. Und weil wir sie alle so lieben, wollen wir unbedingt helfen. Wir wollen ihnen zeigen, wie sie ihr Leben wieder lieben lernen. Also nehmen wir ihnen Energien und Probleme ab. Aber jeder Mensch muss selber lernen, erfahren und tragen. Wir sollten nicht seine Probleme und schlechten Energien aufnehmen, sondern uns auf uns selbst konzentrieren, denn jeder Mensch hat sich sein Problem gewünscht und es selbst erschaffen, damit er etwas lernt. Nehmen wir es ihm komplett ab oder weg, kann er es nicht mehr lösen.

Wir wollen die Menschen daher zwar ändern und ihnen helfen, dazu sind wir auch hier, jedoch müssen wir Grenzen setzen. Es gibt Situationen, in denen es besser ist, den Menschen nur einen kleinen Denkanstoß zu geben und ihnen einfach zuzuhören, ohne ihre Probleme zu lösen – sonst kommen wir irgendwann in eine Situation, die uns überfordert.

Zusammengefasst kann man also sagen, dass wir Schwingungen wahr- und teilweise eben auch aufnehmen. In einem Spital habe ich es früher beispielsweise nicht lange ausgehalten, weil es dort so viele komische und kranke Energien gibt. Wir spüren alles: Gedanken, Gefühle, Wünsche, Ängste, Probleme usw. – wir sind empathisch. Man kann uns nicht anlügen oder uns etwas

Der Blick von innen

vormachen. Es ist ziemlich schwer, damit umzugehen, aber zum Glück können wir das abstellen und tun es meistens auch. Es tut auch weh, wenn uns jemand anlügt oder einfach nicht das sagt, was das Herz sagt. Die meisten Menschen wissen eben gar nicht, was ihr Herz sagt, doch wir spüren es ...

Wie wir damit umgehen können:
Wir sollten lernen, uns abzuschirmen, uns auf unsere Gefühle zu konzentrieren und das Ganze zu unterscheiden, vor allem müssen wir üben, uns auf uns selbst zu konzentrieren, uns zu zentrieren in uns selbst.

In solchen Situationen versuche ich, mich mit der Erde zu verbinden, denn die Kristallkinder wollen meist gleich wegfliegen, wenn es ihnen nicht gut gefällt. Wir sind auch nicht gut geerdet; wir kennen das eben nicht. Erdungsübungen sind daher immer gut.
Ich versuche, mich von der Person zu lösen, mich auf etwas anderes zu konzentrieren, mich abzugrenzen und mir klarzumachen, dass es nichts mit mir zu tun hat. Das kann man machen, indem man sich in ein »Lichtei«, in ein Ei voller Licht hüllt. Man kann auch den Erzengel Michael bitten, alle schlechten Energiebahnen von einem zu trennen, oder man durchtrennt sie selbst. Es ist einfach wichtig, dass man sich auf sich selbst konzentriert, auf seine Energie, und darauf, sich zu zentrieren. Bei mir geht das gut mit dem Spruch »Alle meine

Wir Kristallkinder

Energie zu mir« oder wenn ich bewusst atme. Wenn ich sage »Ich bin«, sammelt sich auch meine Energie um mich an.

Es gibt auch einen Lichtmantel, den man bei Erzengel Metatron beantragen kann; so hat man seine Energien schön bei sich und ist auf sich konzentriert. Das geht ganz einfach, man sagt: »Lieber Erzengel Metatron, ich bitte um deinen oder um einen Lichtmantel, danke.« Und in späteren kritischen Situationen kann man dann sagen: »Lieber Erzengel Metatron, bitte erneuere und kräftige meinen Lichtmantel, danke.«

Man kann die Situation auch einfach beobachten. Wenn man ein komisches Gefühl hat, sich unwohl fühlt oder Ähnliches, kann man einfach mal schauen, wo das Gefühl ist, beobachten, ohne zu werten, mal um sich schauen, wer gerade in der Nähe steht, und sich fragen, ob man vielleicht gerade das fühlt, was der andere fühlt. Dann kann man sich entspannen und sich sagen, dass es nicht die eigenen Gefühle sind. Die meisten Gefühle haben nichts mit unserer Seele zu tun, sondern mehr mit dem Ego oder dem Verstand. Sobald ich in mich zurückgezogen bin, mich zentriere und einfach beobachte, was gerade in meinem System abläuft, kann ich auch loslassen und einfach akzeptieren, dass es da ist.

52

Der Blick von innen

Optimismus

Wir sehen überall, in jeder Situation und jeder Person, etwas Positives, denn es hat ja alles eine positive Seite. Wir verstehen es und wissen, dass es viel besser und einfacher ist, die positive Seite zu unterstreichen und hervorzuheben, ohne aber die negative zu verfluchen; oder wir konzentrieren uns einfach auf das Positive. Wir suchen uns unser Leben und unsere Sichtweise selber aus. Warum soll ich etwas negativ betrachten, wenn es auch positiv geht? Positiv gefällt mir viel besser ☺, und es ist leichter.

Es fällt uns dann auch leichter, etwas anzunehmen, wenn wir ihm gegenüber positiv eingestellt sind. Annahme ist ein wahres Wunder und Heilungsmittel, denn wenn wir etwas annehmen, auch etwas, das wir als negativ ansehen, kann es sich super transformieren und auflösen. Schlussendlich ist alles OK, und Gott liebt uns genauso, wie wir sind.

Es gibt an allem etwas Positives, an jeder Situation, jeder Erfahrung, jedem Problem, jedem Streit und an jedem Krieg. Wenn ich das früher erzählt habe, wurde ich von allen komisch angeschaut, und mir wurde alles Negative unterstellt. Ich habe dann einen Wettstreit daraus gemacht und gesagt, dass ich an allem eine positive Seite aufzeigen kann. Daraufhin haben die Leute circa eine Stunde lang immer wieder etwas Negatives gesucht, und ich habe es positiv gemacht. ☺

❤ 53 ❤

Wir Kristallkinder

Ruhe

Wir tragen eine große Ruhe und Gelassenheit in uns. Gestresste oder nervöse Menschen werden neben uns plötzlich ganz ruhig, weil sie wie in unserer Aura ruhen, und schreiende Kinder werden still, wenn wir sie mit unserer Energie umgeben. Es kann uns fast nichts aus der Bahn oder aus unserer Ruhe werfen. Man kann uns auch schlecht stressen oder Dampf machen, denn wir leben nach unserer inneren Uhr, welche mit viel Ruhe und einfach mit Bewusstheit läuft. Wir leben im Vertrauen, im Glauben, in der Liebe und in der Hoffnung. – In der Ruhe liegt die Kraft. Wir werden nicht schnell wütend und sind nicht schnell genervt. Wir freuen uns daran, einfach dazusitzen und zu sein, innerlich ruhig zu werden und den Augenblick zu genießen.

Spiegeln

Wir spiegeln vieles, das heißt, wir spüren Emotionen, nehmen sie auf, wandeln sie um oder spiegeln sie zurück. Wir konfrontieren den Menschen so lange mit seiner Angst, bis er sie annimmt und loslässt, bis er merkt, dass es keine Angst gibt, sondern er sie sich selbst gebastelt hat, bis er erkennt, dass er sie gar nicht braucht und es völlig O.K. ist.

Der Blick von innen

Wenn jemand eifersüchtig auf uns ist, sind wir so lange auf diese Person eifersüchtig, bis sie es realisiert und damit aufhört. Das ist manchmal noch recht unangenehm und verwirrend für uns, denn wir sind von Natur aus nicht so eifersüchtig und verstehen die Welt nicht, wenn wir uns plötzlich von einer Minute auf die andere eifersüchtig fühlen. Meist ist uns gar nicht bewusst, was wir machen, wir merken nur, dass wir uns irgendwie komisch verhalten. Genauso ist es, wenn jemand wütend auf uns wird, weil wir ihm seine Ängste unter die Nase reiben – wir verstehen es nicht. Uns ist es einfach nicht bewusst, dass er ja nicht auf uns als Person, sondern auf seine Ängste, die wir ihm spiegeln, wütend ist – sehr kompliziert.

Zum Beispiel das Kristallkind Tina: Sie hat am Tisch mega genervt und sich plötzlich unhöflich verhalten. Ihre Mutter verstand die Welt nicht mehr, doch Tina verhielt sich so lange unmöglich doof, bis dem Partner der Mutter der Kragen geplatzt und er ausgerastet ist. – Sie hat nur seine Wut gespürt und wollte ihm helfen, sie loszulassen.

Je mehr eine Person etwas verleugnet, wegstößt oder unterdrückt, umso kräftiger spüren wir das, denn wenn eine Energie, ein Gefühl, egal was, unterdrückt oder weggeschoben wird, wird es nur größer und stärker. Sobald man es aber annimmt und akzeptiert, löst es sich auf. Es gibt nämlich nichts, was verboten ist

❤ 55 ❤

Wir Kristallkinder

beziehungsweise nichts, was man nicht darf. Wir sind göttliche Wesen.

Noch einmal zu unterdrückten Gefühlen: Wenn eine Emotion weggedrückt wird, nehmen wir das oft ganz stark wahr. Meistens identifizieren wir uns dann mit dieser Emotion oder denken, es ist unsere eigene – dabei ist es die unseres Gegenübers. Das kann man lernen zu unterscheiden. Man kann sich im Herzen fragen, ist diese Emotion jetzt mir oder nicht, und dann einfach annehmen und akzeptieren, dass sie da ist. Wenn die Emotionen sehr stark sind, ist es für uns besonders unangenehm, denn diese unterdrückten Emotionen fesseln uns oder zwingen uns zu einem anderen Verhalten. Deshalb sind wir auch am liebsten mit Tieren zusammen oder mit Personen, die bewusst und gelöst sind und einfach im Frieden mit sich selbst.

Dieses Spiegeln ist Liebe ... Wir tun das aus Liebe, auch wenn wir die betreffende Person damit konfrontieren und vielleicht zutiefst verletzen. Es bringt nämlich nichts, in solchen Emotionen zu verharren oder sie wegzuschieben. Wir wollen euch zeigen, dass es sich nicht lohnt, in solchen Angstmustern zu leben, zum Beispiel weil ihr dachtet, ihr braucht sie, damit euch nichts passiert, oder weil ihr dachtet, dass sie negativ sind und ihr sie deshalb verurteilt und weggestoßen habt. Alles ist in Ordnung.

Der Blick von innen

Das Angstmusterbasteln kann so funktionieren: Ich werde verletzt, erlebe etwas Schlimmes. Aus dem Schmerz und aus der Angst, dass das wieder passieren könnte, setze ich Vorsichtsmaßnahmen, Muster und Gebote auf, die mich immer wieder daran erinnern, wie schlimm es war, und dass mir das nie wieder passieren darf. – Jedoch schränken mich diese Gebote ein. Ich lebe nicht im Hier und Jetzt, ich bin nicht frei in jedem Moment, ich lebe in der Vergangenheit und schleppe diese mit. Das schreckliche Ereignis trage ich jeden Tag in Form dieses Musters in mir und gebe ihm Energie. So wird es aber nur größer und haftet mehr an mir. Es wäre viel besser, wenn ich es einfach loslassen, wenn ich das Ereignis in der Vergangenheit lassen würde. Wir lernen in jedem Moment, in jeder Sekunde, manchmal bewusst, manchmal unbewusst, und wir nehmen alles auf, auf allen Ebenen. Deshalb sind solche Vorsichtsmaßnahmen unnötig – und hindern uns eher daran, frei zu sein.

Ich vergleiche dies immer mit einem kleinen Kind, das laufen lernt: Es versucht aufzustehen, voller Freude, es möchte etwas Neues lernen und erfahren. Doch wie das so ist bei Dingen, die man noch nicht kennt und kann, man fällt hin. Aber das Kind macht sich dann keine Vorwürfe; es ist nicht verletzt, es fühlt sich nicht klein, es weiß, dass es ist, dass es lernt, dass es lernen und erfahren darf. Voller Freude steht es daher wieder auf und probiert es noch einmal, wieder und wieder

❤ 57 ❤

Wir Kristallkinder

und wieder. Wenn es sich einmal den Kopf stößt, bleibt es vielleicht ein bisschen länger am Boden liegen, aber es steht wieder auf, denn es möchte laufen können. Das Kind liebt sich, egal wie lange es braucht, egal wie oft es hinfällt.

Wenn das Kind nach dem ersten Sturz allerdings schon Angst hätte und zu Vorsichtsmaßnahmen greifen würde, wie könnte es dann jemals frei laufen lernen? Dann würde es vielleicht gar nicht mehr aufstehen oder nur noch, wenn die Eltern es halten. So lernt das Kind doch nicht laufen! Laufen lernt es nur mit freudiger, verspielter Neugier und Lernfreudigkeit.

Das wollen wir euch sagen, wenn wir eure Emotionen und Ängste spiegeln: Schaut sie euch doch an, akzeptiert, dass sie da sind. Findet ihr sie nützlich, helfen sie euch? Dann nehmt sie einfach an, und akzeptiert sie. Ich möchte nicht sagen, dass solche Muster schlecht sind; manchmal sind sie sogar überlebensnotwendig. Manchmal hat man es sich aber auch einfach nur zur Gewohnheit gemacht, sie weiterzutragen, obwohl die Wunde schon lange verheilt ist, oder man hat sie verdrängt und sich dafür geschämt – doch es gibt nichts, wofür man sich schämen sollte.

Wir wollen euch nicht sagen, was richtig ist oder falsch, denn das gibt es nicht; wir wollen euch nur Dinge aufzeigen, euch zeigen, was ihr macht, und euch zum Denken anregen, ob ihr das wirklich wollt. Wir wollen

Der Blick von innen

euch euer Handeln bewusst machen. Oft wird unser Spiegeln missverstanden, und die Leute denken, wir wollen etwas Böses, doch wir bringen einfach Licht.

Meistens merken wir gar nicht, dass wir spiegeln. Wir machen das automatisch, und anschließend wundern wir uns, warum wir uns so komisch verhalten haben. ☺ Es ist schon öfter vorgekommen, dass ich plötzlich von einer Minute auf die andere total wütend wurde. Ich wusste überhaupt nicht warum, aber ich war stinksauer. Wie ich dann so bin, habe ich diese Wut rausgelassen und meinen Kollegen gestichelt; der ist daraufhin explodiert wie eine Bombe. Ich verstand die Welt nicht mehr – wieso war ich wütend? Warum reagierte der Kollege so extrem? Was hatte ich gemacht? – Ich habe einfach gespiegelt! Ich spürte die Wut, die mein Kollege in sich trug und nicht rausließ; er schenkte ihr keine Beachtung. So spiegelte ich ihm seine Wut und verhielt mich so lange daneben, bis er die Wut rausließ und ihr Beachtung schenkte.

Für uns ist das auch ganz schwierig, weil uns dann ein Schuldgefühl aufgesetzt wird von wegen »Du hast mich so wütend gemacht, dass ich dich so anschreien muss«. Soll ich mich jetzt schuldig fühlen? Soll ich mich jetzt tadeln? Wie denn? Ich weiß doch gar nicht, was ich falsch gemacht habe. Nein, ich muss mich nicht tadeln, Tadeln ist sowieso doof und unnütz. Ich bin unschuldig,

Wir Kristallkinder

wir alle sind unschuldig. Es gibt gar keine Schuld. Ich habe ihm nur geholfen.

Das ist schwer zu verstehen, denn oberflächlich betrachtet habe ich ihn wütend gemacht. Jedoch ist diese Wut nicht von mir, ich habe ihm nur gezeigt, dass sie da ist und erlöst werden möchte.

Wenn uns Kristallkindern bewusst ist, dass wir oft nichts mit der Situation zu tun haben, können wir auch besser spiegeln und uns besser verstehen, denn es hat nichts mit unserer Person zu tun. Dieser Kollege war dann zwar auch wütend auf mich, aber nicht auf mich als Person, sondern nur auf seine Wut, die ich ihm gespiegelt hatte.

Die Herzenssprache

Kristallkinder sind telepathisch veranlagt. Telepathie ist nichts anderes, als mit allem zu kommunizieren. Die Physik hat ja schon bewiesen, dass alles schwingt, und diese Schwingung zu verstehen, aufzunehmen und zu senden, das nennt man Telepathie. Man nimmt sie mit dem Herzen wahr, im Herzchakra, und deshalb nenne ich sie auch »Herzenssprache« oder die »Sprache der Liebe«.

Wir Kristallkinder nehmen alle Schwingungen auf und können sie unbewusst deuten, denn unser Herzchakra ist ziemlich stark, weil wir viel Liebe ausstrahlen – das

Der Blick von innen

heißt, wir können mit Tieren sprechen, wie wir mit Menschen sprechen, nicht mit lauten Worten, sondern in stillen Gedanken, Emotionen – Schwingungen eben. ☺ So nehmen wir auch die geistige, feinstoffliche Welt wahr. Wir können mit Engeln, Aufgestiegenen Meistern usw. sprechen. Wir können zum Teil Auren (Ausstrahlung) sehen, hören Engel oder spüren, wenn uns jemand anruft, spüren Gefühle, Emotionen, Gedanken usw., eben alles, was schwingt. – Jeder Mensch kann sich telepathisch verständigen und macht es auch, jedoch meist unbewusst. Dazu muss der Mensch einfach in sein Herz kommen, denn ein Herzchakra hat jeder, und jeder kann es reinigen und wiederbeleben. Dabei können wir gut helfen. ☺

Da wir oft über das Herz sprechen, gibt es viele Kristallkinder, die sich total unverstanden fühlen, weil eben viele andere Herzen noch schlafen oder einfach taub sind. Wir fühlen uns dann nicht gehört, nicht verstanden und nicht gesehen, weil wir mit dem Herzen sehen, hören und sprechen – das ist einfach eine andere Ebene. So kann es dann auch sein, dass Kristallkinder erst spät anfangen zu sprechen. Das liegt daran, dass sie oft den Sinn der Sprache nicht verstehen, oder sie spüren einfach, dass die Menschen Unwahrheiten über die Sprache ausdrücken. In unseren Augen spricht man nämlich über das Herz, und da kann man nur wahrhaftig sprechen. Somit sehen Kristallkinder oft keinen Sinn in der Sprache, weil sie in ihrer Heimat nur mit dem

Wir Kristallkinder

Herzen sprechen, oder sie wollen einfach selber bestimmen, wann sie zu sprechen beginnen.

Naturverbundenheit

Ich kann dieses Kapitel auch »Liebeverbundenheit« nennen, denn für mich ist die Natur Liebe pur. Wir Kristallkinder sind sehr gerne in der Natur oder mit Tieren zusammen. Das hängt damit zusammen, dass sie bedingungslose Liebe sind und eben auch die Herzenssprache sprechen – sie lieben, sie sind da, egal, wie wir uns verhalten. Manchmal ziehen wir uns zurück und unterhalten uns nur mit Tieren oder Pflanzen, denn sie verstehen uns. Sie verstehen unsere bedingungslose Liebe und fühlen unseren Kummer. Tiere kommunizieren untereinander über ihr Herz, und auch Tierkommunikation funktioniert übrigens so.

Es gibt jedoch viele Menschen, die diese Sprache verlernt haben – ihr Herz ist verschlossen. Sie sprechen sie zwar trotzdem noch, aber merken es eben nicht. In dieser Sprache kann man nicht lügen, sie ist megaschnell, schneller als das Licht, megaehrlich und direkt. Pflanzen, Tiere, rundum die ganze Natur spricht diese Herzenssprache oder Liebessprache. Somit fühlen wir uns verstanden von der Natur und den Tieren. Von den Menschen fühlen wir uns unverstanden, weil sie nicht mehr über ihr Herz kommunizieren. Es ist aber vorgesehen,

Der Blick von innen

dass die Menschen die Herzenssprache wieder lernen, dass sie wieder mit dem Herzen sprechen, denn das ist natürlich viel einfacher.

Ein anderer Grund, warum wir in der Natur sind, ist ihre unglaublich starke Heilkraft. Sie ist der größte Heiler, Mutter Erde, die Tiere, die Pflanzen. In der Natur kann man Kraft tanken, sich erholen, sich auffüllen und genießen. Das ist die Liebe der Natur, die Liebe der Mutter Erde zu uns. Diese Liebe heilt alles. Das wissen wir, wenn auch meist unbewusst, aber wir folgen unserem Gefühl, unserem Instinkt und unserem Wissen, welche tief in uns liegen. – Wir lassen uns auch von niemandem etwas anderes sagen, weil nur wir wissen, was für uns gut ist, und nur wir wissen, dass das, was wir wissen, stimmt.

Die Kristallsphäre

Ein Teil von mir ist nicht von der Erde, sondern von einem anderen Planeten – oder genauer gesagt, er ist aus einer anderen Sphäre.
Ich kann mich noch sehr gut an diese Sphäre erinnern, auch daran, wie mein irdisches Leben geplant wurde. Das ging nämlich so: Vor ein paar Jahren kamen irdische Wesen in unsere Kristallsphäre. Das war ein Riesenereignis, weil wir noch nie fremden Besuch hatten; denn weil die Schwingung sehr hoch ist in der Kristallsphäre, kommt niemand zu uns, der nicht kristallin ist. Auf jeden Fall mussten diese Wesen, die für die Erde kamen, erst ein paar Jahre Schwingungserhöhung praktizieren.
Als sie dann bei uns waren, erzählten diese Wesen, was auf der Erde gerade abläuft, dass sie sich gerade im Wandel befinde und dass es super wäre, wenn unsere Energie jetzt auf die Erde käme, um sie zu unterstützen. Sie erzählten auch von einem zurzeit stattfindenden

Wir Kristallkinder

Prozess auf der Erde, aber wir haben sehr wenig verstanden, weil es die meisten Dinge und Wörter der Erde bei uns gar nicht gibt. Sie fragten uns, wer sich zur Verfügung stellen und die Erde mit seiner Liebe unterstützen würde. Da habe ich mich gemeldet und zur Verfügung gestellt.

Danach haben die drei Wesen von der Erde, mein Team und ich an einem Tisch gesessen und mein Leben, meine Lebensaufgabe, meinen Lebensplan besprochen. Die irdischen Wesen hatten eine ganze Liste dabei, was auf der Erde noch alles erledigt werden sollte und wofür wir super geeignet wären. Wie ich eben so bin, habe ich bei jedem Punkt gesagt: »Ja, den mach ich, und ja, den auch noch, und das klingt ja superspannend, den will ich auch noch machen«. ☺ Doch sie bremsten mich und versuchten mir zu erklären, warum das nicht gehe, was ich natürlich nicht verstand, weil ich mir überhaupt nicht vorstellen konnte, wie es auf der Erde ist und gewisse Ausdrücke von ihnen nicht kannte.

Als dann endlich mein Lebensplan feststand, durfte ich mir noch eine Mutter aussuchen – wer der Vater ist, war schon klar. So habe ich auf die Erde hinuntergeschaut, um zu sehen, welche Frau mich super auf meine Aufgabe vorbereiten und mir das geben könnte, was ich brauche. Danach hatte ich noch ein bisschen Zeit, bis es für mich losging.

Der Blick von innen

Am Tag vor meiner Empfängnis machte ich mich auf den langen Weg zur Erde. Voller Freude, voller Tatendrang und voller Liebe, mein großes Team vor mir, neben mir, hinter mir, ging es auf die große Reise. Ich freute mich so obermega, meine Liebe verschenken zu dürfen.

Doch je tiefer ich hinunterschwebte, umso schlimmer wurde es. Erst spürte ich meine äußeren Begleiter nicht mehr. Ich dachte: »Hey, wieso ist jetzt mein Team geschrumpft?«, habe mir dann aber doch nichts weiter dabei gedacht und schwebte einfach weiter. Aber je weiter ich hinunterkam, desto unwohler wurde mir; ich fühlte die Liebe nicht mehr. Kurz vor der Erdaura oder Erdumstrahlung merkte ich, dass ich nur noch weniger als die Hälfte meiner Begleiter bei mir hatte. Da wurde mir ein bisschen mulmig, doch ich schwebte wieder mutig weiter. Als ich in die Erdaura kam, war es dann ganz schlimm. Ich spürte keinen meiner Begleiter mehr, fühlte mich total allein und einfach schrecklich. Ich sah jedoch ganz genau, wohin ich sollte, wo der Bauch meiner Mutter war. Ich dachte dann: »O.K., Augen zu und durch, wird wohl nicht so schlimm sein.« Dann schwebte ich noch weiter nach unten, alles fing an zu drücken, alles war kalt, tat weh und war grau.

Ab da weiß ich nicht mehr genau, wie es weiterging. Ich ging wahrscheinlich in den Bauch meiner Mutter und habe einfach vieles vergessen. Mit 17 Jahren war dann mein ganzes Wissen wieder offen, und ich wusste auch, dass ich alles so gewollt und ausgemacht hatte.

❤ 67 ❤

Wir Kristallkinder

Doch zurück zur Kristallsphäre: Sie ist ganz anders als die Erde. In meinem Ursprung, ich nenne ihn Kristallsphäre, sieht alles ganz anders aus, es herrschen andere Gesetze, andere Gewohnheiten, andere Schwingungen, und es ist so ziemlich alles anders. Ich kann es kaum in Worte fassen, doch das, was ich einigermaßen erklären kann, kannst du hier lesen. Die folgenden Worte waren schon immer geheim und sehr kostbar, und ich freue mich, dass ich sie euch nun offenbaren darf. ☺

Eigenschaften der Kristallsphäre

Die Kristallsphäre sieht nicht aus wie die Erde, sondern die ganze Sphäre leuchtet, glitzert und scheint in ganz hellen und pastelligen Farben. Sie besteht nur aus Licht und Liebe. Die Farben sind nicht konstant, sie wechseln immer wieder, sind ineinander verflochten, aber doch nicht in der gleichen Farbe – ähnlich wie bei einem Regenbogen. Die Farben sind weich – es ist sowieso alles weich dort –, und es sieht so aus, als sei die Landschaft ein Aquarellgemälde, denn die Farben sind nicht klar, sondern vermischt, wie mit viel Wasser verdünnt und mit Weiß aufgehellt.

Ein See auf der Erde sieht oft blau aus und behält den gleichen Blauton meist auch bei. Ein See auf dem Kristallplaneten ist dagegen mal weiß, mal rosa und mal

Der Blick von innen

violett gefärbt, dann wieder weiß-gelblich und mint. Es sieht dort aus, als würde sich die Sonne in ganz vielen Swarovski-Kristallen brechen: Es bilden sich viele Farben, und es glitzert alles unglaublich. Es leuchtet und funkelt wie in einem megacoolen Palast.

In der Sphäre gibt es auch Berge und Hügel, jedoch sind sie abgerundet und nie am selben Ort; sie sind nicht fest, und wir haben keine Anziehungskraft, sondern alles schwebt wie auf dem Mond. Mal stehen die Berge daher hier, dann verändern sie sich wieder wie eine Wolke. Es gibt keine harten oder eckigen Felsen wie auf der Erde; alles ist weich, sanft, rund und schön. Die Seen und Flüsse sind auch sehr schön anzuschauen, jedoch kann man nicht darin baden, da es kein Wasser gibt, keine Materie – alles ist feinstofflich. Jedoch hat man das Gefühl, als sei man ständig im Wasser. Wir fühlen uns also, als würden wir baden gehen, immer weich, geborgen, gehalten ...
Materie kennen wir in der Kristallsphäre also nicht. Es ist alles so ähnlich wie flüssig und gasförmig zugleich, eben einfach Licht. Die Kristallwesen laufen auch nicht am Boden – sie schweben und hüpfen. Für die Menschen ist es wahrscheinlich echt schwer, sich das vorzustellen ...

Die Wesen, die auf diesem Planeten wohnen, haben keinen eigenen Charakter – jeder ist gleich. Wir alle sind runde, bunte Kugeln aus Liebe und Licht. Die Menschen dagegen haben ihren ganz eigenen Charakter, völlig verschiedene Interessen und Umgangsformen mit anderen Menschen oder mit Gefühlen, ganze andere Körper ...

Auf dem Kristallplaneten gibt es insgesamt weniger Gefühle. Wir kennen nur Liebe, Glück, Zufriedenheit, Freude, Harmonie, Ruhe, Gelassenheit, Schönheit, Genuss usw.; Streit, Hass, Eifersucht und weitere ähnliche Gefühle kennen wir nicht, die gibt es gar nicht. Wir gehen mit allen Kristallwesen gleich um. Wir haben alle lieb, sind alle zufrieden und überglücklich und zu allen nett. Das ist für uns so selbstverständlich, wie es auf der Erde selbstverständlich ist, die Augen zu öffnen, um zu sehen. Wir essen auch nicht auf dem Kristallplaneten; es gibt gar keine Nahrung oder Lebensmittel. Wir ernähren uns von Liebe und Licht, die ständig so präsent sind wie wir selbst. Wir »sind« – den ganzen Tag. Es gibt weder Nacht noch Tag; somit schlafen wir auch nicht. »Sein« ist ein Hobby, das wir sehr mögen, aber auf der Erde »muss« man sich ausruhen, essen oder meditieren. Wir auf dem Kristallplaneten wollen einfach Kraft aufnehmen oder uns ausruhen und machen es total gerne. Alles macht uns Spaß; wir sind Spaß und Freude pur.

Wir haben so etwas Ähnliches wie einen Job, eine Aufgabe, die wir jedoch nicht bewusst aussuchen – wir wissen es einfach. Der Job gefällt uns sehr, denn wir

Der Blick von innen

machen ihn mit großer Freude. Eine Aufgabe besteht zum Beispiel darin, Licht zu sein, Freude zu verbreiten, zu lachen, zu genießen und zu sein. Dabei ist nicht festgelegt, ab wann gearbeitet wird; es gibt kein Alter und keine Zeit auf dem Kristallplaneten, kein Gestern und kein Morgen, es gibt nur ein Jetzt und ein Sein.

Die Regeln oder Gesetze, die in der Sphäre herrschen, sind einfach, aber sehr umfassend. Es gibt zwar einzelne Regeln, aber sie gehören alle zusammen, und jede Regel hat auf alle anderen Auswirkungen. Jedes Kristallwesen trägt die Gesetze in sich und hat sie absolut verstanden. Es sind eine Art Herzregeln, und es macht überhaupt keinen Sinn, diese Regeln zu brechen, denn jeder hat sie und ihren Nutzen verinnerlicht. Es ist ein Verinnerlichen, das wir hier auf der Erde kaum kennen, wie eine Art Intuition. Ein Gesetz zum Beispiel lautet »Sei nett zu dir, und sei nett zu allen anderen«. Das klingt ganz einfach, aber es hängen so viele Dinge davon ab. Das Gesetz ist so simpel, aber es hat eine enorme Kraft und bewirkt sehr vieles.

Die Beziehungen sind nicht so vielfältig wie auf der Erde, da jeder jeden gern hat. Auf der Erde wird eine Liebesbeziehung gerne hochgeschaukelt, darüber getuschelt, und es gibt viele Menschen, die keine Beziehung haben. Auf dem Kristallplaneten hat jeder eine Beziehung, jedoch ist sie ganz anders als eine Liebesbeziehung auf

Wir Kristallkinder

der Erde, zumal es dort keine Geschlechter gibt wie Mann und Frau. Es gibt keine Partner, keine Zweierbeziehungen und keine Freundschaften; in der Kristallsphäre sind wir alle Geschwister, sind alle eins und lieben uns extrem.

In der Kristallsphäre existieren auch keine Küsse und kein Geschlechtsverkehr, da wir ja auch gar keine Körper haben. Es gibt auch keinen Orgasmus, sondern wir leben ständig in dem Gefühl, einen Orgasmus zu haben. Das Grundgefühl auf dem Kristallplaneten ist so, als ob man frisch verliebt ist, und das fühlen wir immer. Wir fühlen uns wie auf der Achterbahn, es ist wie ein Orgasmus, doch das höchste Gefühl der Erde ist fast nichts im Vergleich dazu, wie wir uns auf der Kristallsphäre fühlen – und zwar immer. Da der Geschlechtsverkehr nicht existiert, werden auch keine Kinder gezeugt und geboren. Sowieso sind alle Wesen gleich alt, weil es gar keine Zeit gibt. Somit gibt es keine Kinder, keine Eltern oder Großeltern. Alle Wesen sind gleich, gleichrangig und gleichwertig, und alles ist wertvoll.

Der Kristallplanet ist voller Liebe; es gibt nur wundervolle, angenehme und fröhliche Dinge. Alle Kristallwesen sind überglücklich, total fröhlich und entspannt. Die Energie ist daher sehr hoch in der Kristallsphäre, und nur Kristallwesen oder höher schwingende Wesen gelangen dorthin.

Der Blick von innen

Heimweh

Da ihr jetzt ungefähr wisst, wie es in der Kristallsphäre ist, könnt ihr bestimmt verstehen, warum ich Heimweh habe. Wenn es mir nicht gut geht oder ich irgendein Problem habe, kommt mein Heimweh sehr schnell hoch – dann vermisse ich die Liebe, die Wärme, die Fröhlichkeit dort. Am liebsten würde ich dann ganz schnell wieder zurück in meine Sphäre gehen.

In solchen Momenten hilft es mir, wenn ich mich an den Kristallplaneten erinnere. Meist sehe ich dann auch meine Kristallkollegen, wie sie zu mir auf die Erde herunterschauen, mich angrinsen, lustig tanzen, fast immer lachen, alles supertoll finden und mir Mut machen. Sie bewundern mich, und mein Leben ist für sie wie eine Fernseh-Soap. Meine Kristallkollegen finden es obermegasuperspannend, dass ich hier auf der Erde bin; sie finden die ganze Erde sehr spannend – ich übrigens auch. ☺

Danach denke ich an alles Schöne, was die Erde zu bieten hat – an diese bunte, farbenfrohe Erde, wo es ganz viele Düfte, leckere Esswaren und schöne Gegenstände gibt, die schöne Natur und liebevolle Tiere. Es hilft mir auch, wenn ich mir selber sage oder wenn mir jemand anderes sagt: »Willkommen zu Hause«, denn ich vergesse in solchen Situationen schnell, dass ich hier auf

Wir Kristallkinder

der Erde zu Hause und jetzt ein Mensch bin. Ich bin ein Erdling. ☺

Am meisten hilft es mir, mich mit Kristallkindern zu treffen oder mich mit Kristallen, also den Steinen, zu unterhalten oder sie zu halten, weil sie eine ähnliche Energie haben wie wir.

Wie sind nun Kristallkinder?

Wir Kristallkinder empfinden uns natürlich als ganz normal. Ich bin auch ein ganz normaler Mensch, der shoppt, putzt, lacht und lästert.
Kristallkinder sind nicht speziell, haben keine speziellen Fähigkeiten oder Begabungen, sondern einfach eine andere, bewusstere und weitere Sichtweise der Welt und eine andere Lebenseinstellung.

Die Fähigkeiten, die wir Kristallkinder haben, tragen alle Menschen in sich. Bei den meisten Menschen sind sie einfach verloren gegangen, werden vergessen, überdeckt oder versteckt. Muster, Ängste, Sorgen und Nöte versperren den Zugang zu den Fähigkeiten, Begabungen, Gefühlen und zum Herzen. Da Kristallkinder oder ihre Seele sehr viel Licht und Liebe mit sich bringen oder tragen, erinnern sie sich noch; der Zugang zum Herzen ist da und klar bei den Kristallkindern. Kristallkinder haben weniger Muster, weniger negative Strukturen, sie

Wir Kristallkinder

sind einfach reiner. Dadurch haben sie einen guten und direkten Zugang zu den Fähigkeiten, die jeder Mensch hat, und somit steht ihnen weniger im Weg – sie können sie selbst sein, ihr Herz spüren und ein natürlicher Mensch sein.

Wir Kristallkinder sind hier, um zu zeigen, wie wundervoll der Mensch ist, wie toll das Leben sein kann – gelöst und frei. Wir erinnern euch an das, was ihr seid, an das, was wir alle können. Weil wir bei vielem hinter den Schleier blicken, fällt es uns leichter, alles positiv zu sehen, alles zu lieben, allem mit Liebe zu begegnen. Für uns ist es auch einfach, alles zu glauben; indem wir an alles glauben, können wir auch mit der geistigen Welt sprechen. Wir vertrauen, wir kennen fast keine Angst. Doch diese Begabung haben alle, und alle können sie leben, wenn sie ihre Muster und Ängste loslassen.

Wir sind. Alle dürfen sein. Wir haben ein großes Wissen; wir wissen, dass Schmerz und Trauer ganz schön sein können und auch ihren Zweck haben. Wir haben auch keine Angst vor Verletzung; somit können wir allem offen, mit Vertrauen und Liebe begegnen.

Unsere sieben Sinne sind voll da, aktiv und ausgeprägt. Dadurch spüren wir die Schwingung von Menschen, von Tieren und von der Natur, und deshalb lieben wir

Der Blick von innen

die Natur und die Tiere so stark – weil wir ihre schöne, heilende, wundervolle, fantastische Schwingung und Liebe spüren.

Musik mögen wir auch sehr gerne, weil wir die Schwingung spüren, weil wir spüren, was sie mit unserer Seele macht. Unsere Wahrnehmung ist sehr klar, weil wir nicht abgelenkt, blockiert oder versperrt sind von irgendwelchen Mustern oder Ängsten. Wir spüren genau, wie es uns geht, was wir fühlen und was unsere Seele, unser Körper und unser Geist brauchen. Wir merken auch gleich, wenn es einem anderen Menschen nicht gut geht, wir wissen, was er fühlt, was er denkt, wo sein Problem liegt, was ihm hilft und so weiter. Das können alle Menschen merken, wenn sie wieder zu ihrem Ursprung zurückfinden.

Wir sind ferner selten wütend oder nachtragend, weil wir verstehen. Wir verstehen, warum ein Mensch ungerecht zu uns ist, wir spüren, warum jemand schlechte Laune hat und uns anschreit.

Das Herzchakra – das feinstoffliche Energiezentrum im Körper auf Herzhöhe – ist bei den Kristallkindern sehr groß, weit und offen. Dadurch können wir mit dem Herzen hören, fühlen und sehen, das heißt, dass wir Gedanken fühlen, Gefühle von anderen Menschen wahrnehmen, Strom spüren und Ähnliches. Schlussendlich besteht alles aus Schwingung, und den Kristallkindern

Wir Kristallkinder

fällt es leicht, diese Schwingung wahrzunehmen, zu interpretieren und zu verstehen. Sie kommunizieren mit fast allem, mit Tieren, mit Pflanzen, mit Engeln ... Und das geht alles über das Herz. Im Herzen sind alle Lösungen.

Kristallkinder tragen vor allem sehr viel Licht und Liebe mit sich, das heißt, sie strahlen und lächeln einfach viel. ☺ Dadurch, dass sie sehr hell und strahlend sind, helfen sie den Menschen, sich selber zu sehen, Muster aufzulösen, sich zu heilen, sie selbst zu sein ... Dafür müssen die Kristallkinder nur sein und strahlen. ☺ Durch ihr Strahlen werden andere Menschen mit ihren Ängsten, Schmerzen oder mit sich selbst konfrontiert. Es ist so, als ob die Kristallkinder eine Lampe sind – sie machen einfach Licht. Oft sehen die Menschen dann ihre eigenen Verletzungen, ihr Chaos, ihren Schmutz oder was auch immer, was sie dann aufräumen können. Mit einem Kristallkind kann man also sehr viel lernen und heilen, wenn man erkennt, dass es nur das Licht ist und nicht das Chaos selbst. Es gibt nämlich Leute, die denken: »Aha ... seit das Kristallkind da ist, gibt es so viel Chaos in meinem Leben!« Doch wir sind nicht das Chaos, wir sind nur das Licht, das das eigene Chaos sichtbar macht.

Der Energiekörper der Kristallkinder besteht aus einer feinen, kristallinen Struktur und ermöglicht es ihnen,

Der Blick von innen

sehr viel Licht und Liebe mit sich zu tragen, zu transportieren und auszustrahlen. Diese kristallinen Strukturen sind sehr fein und zerbrechlich und gleichzeitig sehr stark und lichtvoll, ähnlich der Struktur eines Menschen, der den Lichtkörperprozess gemacht hat. Die Energie schwingt extrem hoch. Deshalb vertragen Kristallkinder selten niedrig schwingende Dinge wie Alkohol, Medikamente, Kaffee usw., weil die ihr System total aus der Bahn werfen. Auch niedrig schwingende Gefühle wie Hass, Streit, Eifersucht, Angst usw. mögen sie nicht; sie wissen nicht damit umzugehen. Die Kristallkinder kennen diese Gefühle nicht und sehen auch keinen Sinn darin. In den Kristallsphären, aus denen sie kommen, gibt es nämlich nur Liebe, Licht, Harmonie, Geborgenheit, Frieden, Glückseligkeit ... Da sie so lichtvoll und bewusst sind, erinnern sich die Kristallkinder auch daran, dass es keinen Sinn macht, sich zu streiten; sie sehen immer ziemlich klar, was Sinn macht – und was eben nicht.

Wir sind bewusste Menschen mit sieben
ausgeprägten Sinnen. Wir sind nicht besser
oder wertvoller als andere.
Wir sind.

Schwierigkeiten auf der Erde

Wir Kristallkinder sind geistig hoch entwickelte Wesen. Wir haben jedoch fast keine Ahnung von der Erde, ihrer Schwingung und ihren Gesetzen. Das ist eine schwere und komische Mischung, denn wir wissen sehr viel über das Leben und lassen uns nicht gerne belehren. Wir sind hier, um zu sein und zu zeigen, gleichzeitig müssen wir aber auch etwas über die Erde lernen, zum Beispiel, Hilfe von bewussten Erdlingen anzunehmen. Das ist ziemlich schwer unter einen Hut zu bringen. Es gibt so viele Dinge, die hier auf der Erde total anders sind, die wir nicht kennen und schon gar nicht verstehen. Hier trifft man auf so viele Sachen, die total unnötig, sinnlos und umständlich sind.

Es gibt viele Situationen, die mich verwirren, weil ich die Menschen nicht verstehe. Manchmal komme ich mir vor, als sei ich ins Mittelalter gereist. Es war daher wichtig für mich zu lernen, dass es hier anders ist und dass ich einfach aus einer anderen Zeit komme. Das, was ich

Wir Kristallkinder

fühle, stimmt für mich! Das, was ich fühle und weiß, wird in Zukunft auch hier auf der Erde mehr oder weniger so sein. Viele Dinge werden hier anders verstanden, anders gelebt, als ich es kenne. Wir Kristallkinder wissen ganz tief in unserem Herzen, wie es sein soll, wie es sich anfühlen kann. Jeder Mensch weiß es ganz tief in seinem Herzen. Daher glaube immer an dich! Traue immer deinem Gefühl! Wenn du dir nicht sicher bist, da deine ganze Umwelt etwas anderes erzählt, vertraue deinem Gefühl, deinem Herzen.

Ich finde es schwer, wir selber sein zu können, so zu leben, wie wir es fühlen, das zu sagen, was wir denken, und unserem Herzen zu folgen, unseren Weg zu gehen, ohne auf links und rechts zu hören. Es ist schwer uns so zu akzeptieren, wie wir sind, und auch von unsere Umwelt so akzeptiert zu werden, wie wir sind. Es wird einem ständig gesagt, was man muss oder soll, wohin man gehen soll und wie man ist. Jedoch weiß das nur jeder Einzelne für sich alleine; kein anderer kennt meinen Weg. Für uns ist es am besten, wenn wir rein leben, wie wir sind, und uns nicht ständig anpassen beziehungsweise von außen beeinflussen lassen. Nur wir alleine wissen in unserem Herzen ganz genau, was wir brauchen. Wir haben einen guten Draht zu unserem Selbst, zu unserem Herzen.

♥ 82 ♥

Der Blick von innen

Ich zähle nachfolgend ein paar Dinge auf, die ich wichtig finde, Dinge, die ich lernen musste oder immer noch muss, Dinge, die Kristallkinder nicht gut können oder gar nicht kennen oder die wir nicht verstehen.

Abgrenzung, Zentrierung

Wir wissen, dass alles eins ist und wir alle zueinandergehören; somit kennen wir keine Abgrenzung – was manchmal ziemlich komisch ist. Wir fühlen die Schmerzen von anderen und haben das Gefühl, dass es unsere Schmerzen sind. Wir spüren Gefühle und meinen, es sind unsere.

Es gibt leider Menschen, die das nicht verstehen. Damit wir unser Licht leben können, müssen wir uns abgrenzen lernen, uns auf uns konzentrieren und wissen, wer wir sind, so dass wir leben können und nicht im Schmutz von anderen »rumsumpfen«, Probleme von anderen mit uns herumtragen oder sonst etwas Fremdes annehmen. Wir müssen lernen, was von uns ist – und was nicht.

Meist sind Kristallkinder beliebt, weil sie viel Liebe und Licht mit sich tragen. Das hat Vorteile, aber auch Nachteile. Ein Nachteil ist, dass wir deswegen auch Neider haben. Das finde ich doof, weil wir schlussendlich alle eins sind, jeder Einzelne hat ganz tolle Fähigkeiten, ob

♥ 83 ♥

Wir Kristallkinder

Kristallkind oder nicht. Aus Neid entstehen dann aber häufig auch noch Mobbing oder sonstige Gemeinheiten. Damit müssen wir einfach lernen umzugehen, und vor allem müssen wir lernen, Grenzen zu setzen und uns zu verteidigen. Das können wir nicht so gut. Wir glauben an das Gute im Menschen und können uns kaum vorstellen, dass jemand etwas Böses will. Es macht auch gar keinen Sinn, etwas Böses zu wollen.

Wir respektieren so ziemlich alles, wir lassen fast alles zu und spüren viel, das heißt, dass wir die Grenzen von anderen spüren und diese dann akzeptieren, wenn das Gegenüber seine Grenze auch akzeptiert. Wir gehen selten über die Grenzen anderer, wie wir auch selten jemanden anschreien. Wir setzen auch keine Grenzen, weil wir in allen Menschen das Positive sehen und weil wir vertrauen. Daher müssen wir lernen, uns klar abzugrenzen, zu sagen, ich bin da, ich will das, aber das will ich nicht. Auch müssen wir wissen, dass es Menschen gibt, die etwas Böses wollen, meist natürlich unbewusst.

Wir müssen lernen, ganz klar zwischen »dein« und »mein« zu unterscheiden. Welche sind unsere Gefühle – und welche kommen von unseren Mitmenschen? Was hat mit uns zu tun – und was nicht? Da wir so klar sind und viel spiegeln, wird uns auch viel vorgeworfen, was aber gar nichts mit uns zu tun hat. Es hat vielmehr damit zu tun, dass wir spiegeln und etwas aufzeigen. Die Men-

Der Blick von innen

schen sind dann nicht auf uns wütend, sondern auf ihr Spiegelbild, das wir darstellen.

Oft können wir auch nicht unterscheiden, was von uns ist, was von der Gesellschaft kommt, vom Kollektiv oder was von einer anderen Person kommt. Ich habe oft Gefühle oder Gedanken gespürt, die nicht von mir sind. Auch wurde mir sehr oft etwas vorgeworfen, was eigentlich gar nichts mit mir zu tun hatte. Es gab auch Situationen, in denen ich einfach einen Raum betrat, und schon fühlten die Leute sich angegriffen oder wurden eifersüchtig – obwohl ich weder etwas gesagt noch getan hatte. Da wurde ich stutzig, fing an zu überlegen und genauer zu beobachten. Ich merkte dann, dass ich einfach Licht bin, dass ich in den Raum komme, ein Spiegel bin und Licht mache. So sehen viele Menschen ihre Muster, ihre Ängste und verdrängte Erlebnisse. Das ist eine große Hilfe, wenn man sie als solche erkennt. Oft haben die Leute ihre Ängste oder Muster dann aber auf mich projiziert und mich beschuldigt. Irgendwann merkte ich allerdings, dass es ja gar nicht meine sind.

Wichtig ist vor allem, sich auf sich selbst zu konzentrieren, seine Energie in sich selber zu zentrieren und bei sich selber zu sein sowie seine Energie bei sich zu lassen. Die meisten Menschen sind nämlich mit ihrer Energie ständig bei ihrem Gegenüber: »Was denkt er, was macht er, was braucht er, was will er ...?« Dabei

Wir Kristallkinder

geht es nur darum, was ich brauche, was ich möchte, wie es mir geht, denn sobald wir bei uns selber sind und uns um uns kümmern, sind wir schon abgegrenzt.

Nun, wie kann man sich jetzt auf sich selbst konzentrieren, seine Energie zu sich nehmen und mit sich selber eins sein? Am besten geht es mir, wenn ich mich erde, wenn ich in mir und mit der Erde verbunden bin.

Erden

Wie die meisten Menschen sind auch die Indigo- und Kristallkinder nicht wirklich geerdet. Wir tragen eine hohe Energie und Schwingung in uns und mit uns, die es uns schwer machen, uns hier auf der Erde mit der Erdschwingung zu verbinden.

Oft haben wir einfach eine Abneigung gegen die Erdschwingung, weil sie uns so schwer, so langsam, so mühsam, so träge und so schmutzig vorkommt. Doch die Erde beziehungsweise die Erdenergie ist nicht so – es ist eher das Kollektiv, es sind die Ängste, die Muster, die überall herumschwirren.

Die Mutter Erde ist voller Liebe, total schön und angenehm. Das können wir an der Natur, den Pflanzen und Tieren erkennen. Sie sind mit der Erde verbunden, sie sind geerdet und verbreiten ihre Liebe. ☺

Der Blick von innen

Die Aufgabe vieler Indigo- und Kristallkinder ist es, Energie auf die Erde zu bringen. Und dazu verbindet man sich mit der Erde. Jeder Mensch hat unter seiner linken und rechten Fußsohle je eine feinstoffliche Wurzel, die ihn mit der Mutter Erde, mit ihrer Liebe und mit ihrer Kraft verbindet. Es gibt eine ganz einfache und sehr wirkungsvolle Übung, die einem hilft, in seine Wurzeln zu reisen und sie zu heilen. Diese Erdungsübung findet ihr im Buch »Indigo-Ratgeber« von Carolina Hehenkamp auf Seite 117; sie hat mir sehr geholfen. In diesem Buch gibt es übrigens noch weitere gute Tipps für das Leben auf der Erde.

Wenn wir wieder heile Wurzeln haben, unsere Energie hineinfließt und wir mit der Erde verbunden sind, ist alles viel einfacher. Das ist nämlich so:

Oftmals schwebt unser feinstofflicher Körper oberhalb unseres physischen Körpers, das heißt, die Füße des feinstofflichen Körpers sind etwa auf der Höhe der Knie oder der Hüften des physischen Körpers. Somit ist auch unser feinstofflicher Kopf viel weiter oben als unser physischer Kopf. Dadurch nehmen wir die Außenwelt viel stärker und krasser wahr, weil der feinstoffliche Körper einfach frei in der Luft schwebt und nicht im Körper geborgen ist.

Wir Kristallkinder

Sobald wir uns richtig in unseren physischen Körper begeben, uns in uns zentrieren, zurückziehen, mit der Erde verbinden und der feinstoffliche Körper genau im physischen Körper ist, wird alles viel einfacher und angenehmer für uns.

Oft haben wir Angst, uns mit der Erde zu verbinden oder richtig in den physischen Körper hineinzugehen, doch es ist unsere Befreiung.

Wenn wir richtig zentriert sind in uns selbst, spüren wir uns besser, spüren die Außenwelt nicht so extrem, wir sehen besser, wer wir sind, wo wir sind, wo wir aufhören und wo wir anfangen.

Schlafen

Viele Kristallkinder haben Mühe beim Einschlafen oder Aufwachen. Das liegt daran, dass sie nachts oft nach Hause gehen.

Ich zum Beispiel muss mich sehr konzentrieren, damit ich einschlafen kann. Ich gehe eben nachts hoch in meine Kristallsphäre, und das ist ziemlich weit. Ich brauche absolute Ruhe – und auch energetisch muss es ziemlich ruhig sein. Wenn eine Person in meinem Zimmer schläft, die nicht mit sich im Frieden ist, bin ich die ganze Nacht damit beschäftigt, sie zu beruhigen

Der Blick von innen

oder zu heilen, und habe am nächsten Morgen das Gefühl, gar nicht geschlafen zu haben. Hier sind dann Energien im Spiel, mit denen ich mich nicht anderweitig konzentrieren oder gar hochgehen kann.

Das Einschlafen ist eine richtig anstrengende Übungssache für mich. Ich musste erst lernen, was ich dazu brauche und wie das geht. Wenn ich eingeschlafen bin, bin ich, wie gesagt, ganz weit weg, das heißt auch, dass ich nicht mitbekomme, was um mich herum geschieht. Der Schlaf ist dann so tief, dass ich nicht mal ein Gewitter mitbekomme. In einer Nacht brüllte meine Cousine einmal wie am Spieß neben mir, aber ich bekam nichts davon mit. Wenn ich schlafe, dann richtig.

Am Morgen brauche ich auch viel Zeit, um aufzuwachen oder wieder anzukommen. Weckt mich beispielsweise jemand, wenn ich darauf eingestellt bin, länger zu schlafen, ist das ganz schlimm für mich. Dann reißt man mich sozusagen aus meiner Sphäre, und das ist echt schmerzhaft. Wenn mich damals jemand so geweckt hatte, war ich den ganzen Tag sauer, so richtig sauer und schlecht aufgelegt. Meine Eltern merkten daher schnell, dass sie mich nicht wecken durften. Für die Schule war das natürlich ungünstig; da musste ich mich darauf einstellen, zu einer bestimmten Zeit aufzuwachen, und das kostete mich immer Energie.

Auch wenn ich mich darauf einstelle, wann ich aufstehen muss, oder mich sozusagen programmiere, um wieder

♥ 89 ♥

Wir Kristallkinder

herunterzukommen, brauche ich trotzdem noch eine Weile, bis ich wieder ganz auf der Erde bin. Das kann manchmal zwei Stunden lang dauern, in denen ich einfach Ruhe für mich brauche. Auch wenn ich morgens langsam herunterkomme, brauche ich Ruhe, denn wenn ich währenddessen etwas höre, reißt es mich geradezu auf die Erde – auch das tut weh. Damit ich also gut schlafen kann, brauche ich am Abend und am Morgen völlige Ruhe.

Heutzutage kann ich das recht gut regeln, weil ich zu Bett gehen kann, wann es mir passt, und weil ich selber aufwachen und aufstehen kann, wenn ich bereit dazu bin. Das tut mir unheimlich gut und hilft mir.
Am einfachsten ist es, wenn wir Kristallkinder ganz natürlich selber aufwachen können; dann können wir uns während des Herunterkommens auf ein sanftes Ankommen vorbereiten. Haben wir morgens einen festen Termin, können wir uns darauf einstellen.

Gefühle verstehen

Hier auf der Erde gibt es sehr viele Gefühle und Ausdrucksformen – eine sehr große Auswahl. In unserer Kristallsphäre existieren dagegen nicht so viele Gefühle; da haben wir nur Liebe, Freude, Vertrauen, Glauben, Harmonie, Genuss und so weiter.

Der Blick von innen

Doch hier auf der Erde gibt es Eifersucht, Angst, Erwartungen, Wut, Schmerz, Hass – diese komischen Gefühle verstehen wir nicht. Wir reagieren wie allergisch darauf, wir kennen sie nicht und eigentlich sind sie doof, denn sie machen überhaupt keinen Sinn. Wir Kristallkinder verstehen diese Gefühle nicht, und wir reagieren ganz anders darauf. Ich erkläre kurz, wie ich diese Gefühle bis jetzt verstanden habe. So konnte ich dann auch besser mit ihnen umgehen.

Erwartungen

Eigentlich beruht dieses Gefühl auf »Unvertrauen«. Nur »Unvertrauen« kennen wir Kristallkinder nicht, und wir können auch kaum verstehen, warum Menschen kein Vertrauen haben. Erwartungen zu haben heißt eigentlich nichts anderes, als dass man sich etwas wünscht. Man möchte, dass eine Situation oder eine Person sich so oder so verhält. Wenn man jedoch Vertrauen hat, wünscht man sich eine Situation, glaubt daran, vertraut darauf und lässt los. Wenn man nicht daran glaubt, nicht darauf vertraut, möchte man kontrollieren und festhalten – man erwartet. Man hält seinen Wunsch ganz fest in der Hand und ist sehr bemüht, dass er erfüllt wird; doch so geht es nicht. Der Wunsch kann nur erfüllt werden, wenn wir ihn loslassen. Es ist, als ob man seinen Brief mit den Wünschen zwar frankiert und adressiert,

♥ 91 ♥

Wir Kristallkinder

jedoch nicht abschickt, und wenn man einen Brief nicht abschickt, kann er weder ankommen noch beantwortet werden.

Auf dieses Wünschen mit Gedankenkontrolle und »Unvertrauen« reagieren wir allergisch, weil das einfach nicht zusammenpasst. Wenn jemand etwas von mir erwartet, aber festhält, kann ich es nicht erfüllen. Alles in mir wehrt sich, ob ich es nun möchte oder nicht. Vertraut mir jemand nicht, kann ich nichts machen, kommt bei mir kein Brief an, kann ich nicht antworten.

Eifersucht

Eifersucht ist die Unfähigkeit, sich selbst zu sehen und zu lieben – oder eine Unterschätzung seiner selbst. In meinem Leben hatte ich oft Menschen um mich, die eifersüchtig auf mich waren. Ich habe das nie verstanden. Ich weiß, wer ich bin, was ich bin und wie gut ich bin. Doch viele andere wissen all das nicht von sich, sie sehen sich eher klein, schlecht oder so ähnlich. Stehe ich dann daneben in meiner Größe, werden sie eifersüchtig; dabei sind sie genauso groß und gut wie ich – sie sehen es nur nicht. Es wäre viel gescheiter, wenn sie ihre Energie für sich nutzen würden, um in ihre Größe zu kommen, und nicht gegen mich. Es bringt ihnen nämlich gar nichts, wenn sie wütend oder gemein zu mir sind, denn ich habe nichts damit zu tun, dass sie

Der Blick von innen

sich klein fühlen. Früher hatte ich ein schlechtes Gewissen und wollte mich klein machen, aber das geht nicht. Wenn jemand eifersüchtig ist, heißt das also nur, dass er sich selbst unterschätzt und dies wenig mit mir zu tun hat.

Sobald ich das annehmen konnte, traf ich auch weniger eifersüchtige Menschen an, oder es störte mich nicht mehr, oder ich nahm es weniger wahr – weil ich es einfach verstand, es nicht persönlich nahm, nicht darauf reagierte und es akzeptierte. Jeder darf machen und fühlen, was er will.

Angst

Angst ist etwas ganz Komisches. Ich habe echt lange gebraucht, um sie zu begreifen oder zu fassen, weil sie ständig wegrennt. Schlussendlich ist sie eine Illusion. Sie hat meist mit einer Verletzung zu tun; irgendwann wurde man angegriffen, wurde verletzt oder sonst etwas. Dann hat man das Vertrauen ganz verloren und Angst bekommen – Angst, dass einem wieder etwas passiert. Wenn man jedoch vertraut, dass es besser wird und alles gut ist, braucht man keine Angst zu haben, und alles wird gut.

Wir Kristallkinder kennen Angst gar nicht, weil wir sehen, wie die Welt ist, dass sie sicher ist, dass es keinen einzigen Grund für Angst gibt. Ich habe die Angst immer

Wir Kristallkinder

als selbst gebasteltes Gefängnis der Menschen gesehen. Ein Mensch, der verletzt wurde, denkt in seinem Schmerz oder warum auch immer, dass er sich unbedingt schützen muss. Er hat nicht verstanden, dass Schmerz seinen Zweck hat, sogar schön sein kann. Der Mensch hat sich die Situation selbst gebastelt. Also denkt er, er muss sich davor schützen, damit ihm dies nie mehr passiert. Er baut ein Gitternetz um sich herum oder eine hohe Mauer, sperrt sich selber ein und denkt, dies sei nun ein Schutz. So kann er aber nicht mehr frei sein; er denkt, er sei sicher in seiner Mauer und habe ein richtiges Verhaltensgesetz erschaffen. Wir sind aber immer sicher, in jedem Moment. Es gibt nichts Schlimmes, alles hat seinen Grund und seine positive Seite, und wir haben es so gewählt. Also müssen wir wieder an das Positive glauben, an das Gute denken und vertrauen, und schon ist die Angst aufgelöst. Angst ist ein vom Verstand erfundenes Spukgespenst; schauen wir der Angst nämlich in die Augen, stellen wir uns ihr, merken wir schnell, dass sie nur Schaum ist. Wir können auch einfach in unser Herz gehen und mal spüren – oft kommt dann ein Schmerz hoch, aber den können wir annehmen und waschen, zum Beispiel mit Tränen. Danach ist die Angst auch weg. Es bringt auch viel, wenn wir die Angst einfach durchknuddeln. ☺

Der Blick von innen

Wut, Streit

Wut und Streit mögen wir überhaupt nicht, denn sie machen keinen Sinn. Wenn jemand wütend oder gemein zu mir ist, nehme ich das einfach an. Ich weiß und verstehe ja, warum er wütend ist. Vielleicht bin ich nicht einmal der Grund für seine Wut. Egal, auch wenn ich der Grund dafür bin, bringt es nichts, wenn ich dann auch wütend bin. Es macht viel mehr Sinn, die schlechte Emotion dann einfach zu erlauben und Liebe zu schicken – so ist allen gedient.

Leider gibt es aber Menschen, die auf diese Weise Energien von anderen absaugen; Wut ist ja auch eine Energie. Wenn ich also auf jemanden wütend bin, schicke ich ihm die Energie »Wut«. Leider gibt es Menschen, die sich davon ernähren, obwohl es Energieverschwendung und auch ein Mangel an Liebe ist. Es ist, als bewerfe man sich mit Äpfeln. Daraus folgt, dass beide Personen blaue Flecken haben und dass ganz viele Äpfel kaputt und verbraucht sind. Es wird nicht einmal Apfelmus daraus; also resultiert gar nichts Brauchbares aus dieser Apfelschlacht. Warum aber bewerfen sich dann so viele Leute ständig mit Äpfeln?

Wenn uns Kristallkinder jemand mit Äpfeln bewirft, weichen wir aus, fangen die Äpfel auf und schicken Liebe zurück, denn nur das ist produktiv.

Es gibt natürlich auch die klare Wut, in der ein Mensch selbstbestimmt und klar sagt, was er denkt – das ist

Wir Kristallkinder

angenehm, einfach kraftvoll, aber nur, solange er nicht mit Schuldgefühlen spielt. Sagt ein Mensch, was er fühlt, was ihn wütend macht, wo der Schuh drückt, und lässt das dann einfach im Raum stehen, ohne Vorwürfe zu machen, so ist das schön. Wir sollen ja nicht alles schlucken, aber grundlos wütend zu sein oder mit Riesengroll, das finde ich einfach nur doof.

Wir lassen viel in uns und an uns heran. Wenn wir verletzt sind, ziehen wir uns in uns zurück. Verteidigen oder zurückschlagen macht in den Augen der Kristallkinder keinen Sinn. Will uns jemand wütend machen, weil er Energie braucht, finden wir das gar nicht toll. Es gibt so viele Möglichkeiten, an Energie zu kommen – jeder Mensch trägt so viel Energie und Liebe in sich. Wir sind dann traurig, weil er sich selbst auch verletzt, sagen ihm aber nicht, dass er aufhören soll, sondern ziehen uns zurück. Wir wehren uns nicht, wir kämpfen nicht, denn wir wissen genau, was er will; wir geben es dann einfach oder ziehen uns zurück, sind traurig und verstehen nicht, warum derjenige so handelt.

Es ist am besten, wenn wir Wut und Streit nicht persönlich nehmen und nicht an uns heranlassen, sondern einfach beobachten. Die Wut sollte bei den anderen stehen bleiben, denn es hat nichts mit uns zu tun – egal, wie wir uns verhalten. Die Eltern oder auch andere Menschen sagen gerne, wir hätten sie wütend oder

Der Blick von innen

traurig gemacht oder genervt. Das stimmt aber nicht, denn niemand außer einem selbst schafft diese Situation. Andere können einen nur an Schmerzen, Wunden oder sonstige Dinge erinnern; schlussendlich erschafft sich aber jeder selbst, was er in seinem Leben vorfindet. Wir Kristallkinder sind so klar; wir sehen das Leid und die Schmerzen der Menschen so deutlich, dass wir sie automatisch und unbewusst darauf aufmerksam machen. Also helfen wir den Menschen bei dem, was sie oft nicht sehen können. Das ist auch nicht schlimm, wir müssen es einfach für uns wissen. Wir müssen wissen, dass es nichts mit uns zu tun hat, dass wir sie nur auf etwas aufmerksam machen, damit sie es annehmen können und es geheilt werden kann. Aber wir müssen nichts an uns ändern, nur weil jemand wütend geworden ist. Wir sind perfekt, wir sind göttlich. Jeder Mensch ist Gott.

Ich habe auch gemerkt, dass ich Menschen mit meiner Anwesenheit »wütend mache«. Egal, was ich mache, was ich sage, manchmal betrete ich nur einen Raum, und schon werden sie wütend oder Ähnliches. Da habe ich gemerkt, dass wir Kristallkinder wie Straßenlampen sind – wir leuchten. Überall, wo wir hingehen, machen wir Licht. Aber wenn Licht gemacht wird, sehen gewisse Menschen ihre Schatten, ihren Schmutz oder Müll. Mit Hilfe des Lichts könnten sie den Müll zwar auch wunderbar entsorgen und schön aufräumen, doch leider sehen das nicht alle. Oft denken sie, nur weil

Wir Kristallkinder

jetzt die Straßenlaterne da ist, habe ich Müll, sonst hätte ich ihn nicht. Doch das täuscht, sie haben ihn auch sonst, sie sehen ihn nur nicht.

Wir aber machen also nichts anderes als Licht bringen, und das ist wunderbar.

Menschen verstehen

Viele Menschen auf der Erde verstehen uns nicht, und wir verstehen uns oft auch nicht. Andere Menschen sehen nicht, wer wir sind, sie fühlen nicht, was wir fühlen, sie sehen nicht, was wir sehen, und sie hören nicht, was wir hören. Das liegt ganz einfach daran, dass viele Menschen dies nicht mehr können – sie haben es vergessen und verlernt. Die Emotionen zu fühlen, Gedanken zu fühlen, zu fühlen, was gerade läuft, zu wissen, was wahr ist und was nicht, dazu braucht man ein offenes Herz. Doch viele Menschen wurden in ihrem Leben oft verletzt und haben somit ihr Herz zugemacht. Ihr Herz ist in einem tiefen Winterschlaf und fühlt die Sommerlüfte nicht mehr. Viele können uns daher weder spüren noch verstehen, denn wir sprechen oft über und durch das Herz, doch wenn ihr Herz schläft, sind ihre Herzohren eben auch taub. Das hat nichts damit zu tun, dass sie böse oder komisch sind, sie wissen es nur einfach nicht mehr, sie haben vergessen, dass es noch Herzohren gibt.

Der Blick von innen

Doch wir Kristallkinder können uns noch sehr gut daran erinnern, und deshalb fühlen wir uns sehr oft unverstanden, ungeliebt, anders oder komisch. Im Grunde sind wir aber genau gleich, nur dass wir wach sind, während die anderen noch schlafen. Manchmal wissen das weder die Schlafenden noch die Wachen. Die Schlafenden denken dann: »Hey, die sind ja komisch, was erzählen die denn für Sachen, das ist ja nicht möglich, das kann man doch nicht wissen, das kann man doch nicht fühlen, die sind ja naiv.« Und die Wachen fragen sich: »Hey, ich fühl das doch, hey, ich weiß das doch, hey, ich bin verwirrt, es ist doch alles klar.«

Also Kristallkind: Was du fühlst, das stimmt. Was du weißt, das stimmt. Was du denkst, das stimmt. Glaube dir, glaube deinem Gefühl. Du bist richtig, genauso, wie du bist.

Körper

Der Körper von Kristallkindern hat, feinstofflich gesehen, eine andere, nämlich eine kristalline Struktur. Diese Struktur kann der Mensch, zum Beispiel mit dem Lichtkörper, auch erreichen. Wir Kristallkinder haben diese schon von Geburt an. Das heißt, die Struktur der Energiekörper – Mentalkörper, Emotionalkörper, Ätherkörper ..., die feinstofflichen Körper um den physischen

♥ 99 ♥

Wir Kristallkinder

Körper – ist ganz fein und klar. So können wir viel Licht mit uns tragen, verbreiten und ausstrahlen. Dies ermöglicht es uns erst, auf die Erde kommen zu können, da unsere Energien so anders und höher sind als die jetzigen der Erdschwingung. Die Struktur ist ganz fein und sehr zerbrechlich; sie verträgt bestimmte Schwingungen kaum.

Ich vertrage zum Beispiel keine Drogen. Schon alleine von der Schwingung her stoßen mich Alkohol, Zigaretten usw. ab. Ich hatte nie Lust, Alkohol zu trinken oder zu kiffen. Ich wusste nie genau warum, bis mir jemand einmal einen Streich spielte. Meine Theaterkollegen hatten mir an der letzten Aufführung, bei der man Scherze macht, Schnaps anstatt Wasser eingeschenkt. Ich habe nur zwei Schlückchen davon getrunken – das hat gereicht. Was danach kam, war gar nicht schön. Ich spürte richtig, wie der Alkohol sich meine Speiseröhre runterfraß und mein Magen zu brennen begann; mir wurde sofort schwindelig, und ich wusste einige Dinge nicht mehr. Ich musste mich mega bemühen, dass mir der Text noch einfiel. In der Pause fanden das dann alle lustig, bis sie merkten, dass ich es gar nicht lustig fand und durcheinander war. Mein ganzer auswendig gelernter Text war nämlich aus meinem Gedächtnis verschwunden, und ich fühlte mich beschissen. Dann setzte ich mich und bat meine Engel, mir zu helfen und die Situation wieder zu richten. Doch als ich die Augen schloss, wurde es nur noch schlimmer; ich nahm die

❤ 100 ❤

Der Blick von innen

Engel gar nicht wahr. Ich hatte das Gefühl, als sei ich von oben und von den Engeln abgeschnitten. Seitdem weiß ich genau, warum ich Alkohol nicht mag und warum ich ihn nicht trinke!

Des Weiteren ist das Herzchakra bei den Kristallkindern sehr groß und offen; dadurch strömt viel Liebe hindurch. Je offener das Herzchakra eines Menschen ist, umso feinfühliger wird er. Das trägt dazu bei, dass wir eher verletzlich sind. Schreit mich zum Beispiel jemand an mit Wut und negativen Gefühlen, haut es mich fast um. Mein Herz ist nämlich so offen, und diese Gefühle sind so wuchtig und schwer, dass ich danach zwei Stunden lang heulen kann, weil es so wehtut und weil mein Kristallnetz so erschüttert ist. Auch wenn jemand mit mir schimpft oder mich tadelt, bin ich traurig. Schon bevor die Person es ausgesprochen hat, spüre ich, was sie braucht und gerne von mir möchte. Doch ich kann es ihr nicht geben, wenn sie es erwartet oder wenn sie Muster hat, mit denen sie sich selbst blockiert. Es reicht völlig aus, wenn die Person normal redet; Kristallkinder braucht man nicht anzuschreien, das nutzt gar nichts. Im Allgemeinen nutzt Schreien nichts; wenn du es klar weißt und davon überzeugt bist, ist es deine Umgebung auch.

Wir Kristallkinder

Sexualität

Hier auf der Erde wird eine sehr komische und unschöne Sexualität gelebt. Ich bin früher oft erschrocken und erschrecke auch heute noch, wie sich Menschen »lieben« können – ohne Liebe und mit geschlossenem Herzen. Da wir Kristallkinder so feinfühlig sind, spüren wir im Bett natürlich noch viel mehr. Wir spüren, was unser Partner denkt, was er will, was er braucht. Ich habe oft Menschen gesucht, mit denen ich über Sexualität sprechen kann, die mir Sexualität erklären können, rein und neutral, denn wenn ich mit einem Menschen über ein Thema spreche, fühle ich seine Gefühle zu dem Thema, seine Ängste usw.. Ich habe niemanden gefunden, der einfach mit schönen, angenehmen oder neutralen Gefühlen über Sexualität gesprochen hat. Den meisten Leuten ist es peinlich, unangenehm, oder sie denken, es gehört sich nicht, über Sex zu sprechen. Sie geben es zwar nicht zu, aber ich spüre es. Es gibt auch einige Leute, die von sich behaupten, es sei ihnen nicht peinlich, doch schlussendlich ist es bei fast allen so, sie merken es nur nicht. Es gab auch Leute, die mir etwas über Sexualität erzählten, und ich wusste genau, das ist totaler Blödsinn.

Ich habe dann überall nach Informationen gesucht, weil mir das niemand auf allen Ebenen erklären konnte. Ich wusste zwar tief in mir, wie es sein soll, konnte es aber

Der Blick von innen

nicht ausdrücken. Ich verstand auch nicht, dass Religionen von Gott und Liebe sprechen, gleichzeitig aber Sexualität oder die Frau als unrein und Sünde hinstellen – das ist ein Widerspruch, der nicht passt. Zum einen gibt es keine Sünde, und zum anderen ist Sexualität gelebte Liebe und das Göttlichste, was es auf der Erde gibt – natürlich nur, wenn beide Partner die Sexualität rein, liebe- und achtungsvoll leben. Ich sehe Sexualität als »sich mit Körper, Geist, Seele verbinden, mit Gott verbinden, mit seiner Göttlichkeit verbinden, den Partner mit seiner Göttlichkeit verbinden und dann beide Göttlichkeiten miteinander verbinden und eins werden«. ☺

Dazu muss aber jeder Partner vollkommen bei sich sein, sich selbst kennen, sich selbst mit Energie versorgen, sich selbst lieben, sich selbst vertrauen, frei sein ...

Für mich ist Sex etwas Wunderschönes, Sanftes, bei dem es um viel Respekt, Liebe, Achtung, Ruhe, Akzeptanz, Einfühlen und Freiheit geht, ohne den anderen zu besitzen, ohne zu wollen, ohne zu müssen, ohne Bedingungen – einfach Liebe leben. Wir Kristallkinder wissen, was Liebe ist, und wir verstehen diese auf Erden gelebte Sexualität nicht, weil sie oft nichts mehr mit Liebe zu tun hat. Liebe ist frei, Liebe gibt, Liebe macht frei, Liebe respektiert, Liebe akzeptiert, Liebe gibt Zeit, Liebe lässt Raum, Liebe sieht den anderen als vollkommen göttliches Wesen. Liebe tadelt nicht, Liebe spricht nicht, Liebe beschwert sich nicht. Liebe ist.

Missverständnisse

So wie wir vieles auf der Erde nicht verstehen, verstehen viele auf der Erde uns nicht, oder sie missverstehen uns. Kristallkinder (und auch alle anderen Menschen) missverstehen sich sehr oft. Es entstehen viele Konflikte, Probleme, Energie- und Zeitverschwendung, weil wir Menschen uns nicht richtig verstehen, weil wir uns nicht zuhören, weil wir nicht mehr mit dem Herzen zuhören und weil wir uns nicht in den anderen einfühlen, uns nicht auf ihn einlassen und nicht mitfühlen.

Das ist ja auch kein Wunder – der eine spricht aus dem Herzen, der andere spricht mit dem Kopf, der dritte hört mit dem Bauch zu; das kann ja nur zu Verwirrung und Missverständnissen führen. Dann hört der eine nur auf den anderen, und der andere nur auf den einen, und schon haben wir ein riesiges Chaos. Am einfachsten ist es, wenn wir auf uns selbst hören, wenn wir wissen, was unser Herz fühlt, und dann mit dem Herzen sprechen – dann ist es klar!

Wir Kristallkinder

Ich werde immer wieder mit Vorwürfen, Schuldzuweisungen und Projektionen konfrontiert. Sehr oft schieben wir Menschen unsere Verletzungen, Muster, Macken und Ängste in die Schuhe der anderen, weil wir uns dafür schämen oder weil wir denken, das darf nicht sein – denn wir haben komische Moralgesetze. Doch alles ist O.K., jede Angst, jede Macke darf sein, und wir dürfen sie annehmen. Es ist viel gescheiter, wenn wir unsere Verletzungen und Muster einfach annehmen, beobachten und akzeptieren. Sie sind da, sie dürfen da sein, und wir sind göttlich, ganz einfach göttlich.

Um all diese Missverständnisse und Vorwürfe, die den Kristallkindern oft widerfahren, zu klären, schreibe ich jetzt diese Worte – viel Spaß! ☺

Ich schreibe die Vorwürfe auf, die ich ab und zu höre oder die mir begegnen. Darunter schreibe ich, wie ich das sehe, was ich dabei fühle und wie es wirklich gemeint ist. Die Vorwürfe sind ziemlich »direkt« geschrieben; so haben mir das natürlich nicht alle vorgeworfen, selbstverständlich wurden sie ab und zu schön in Watte gepackt, aber ich habe sie nun ausgepackt und auf den Punkt gebracht.

Was ich hier schreibe, ist meine bis jetzt gesammelte Erfahrung, mein Wissen. Es kann sein, dass ich in ein paar Monaten alles ganz anders sehe ☺, weil sich das Leben ja ständig ändert und ich mich auch. Das einzig Konstante ist die Veränderung ... haha.

❤ 106 ❤

Der Blick von innen

»Du kannst nicht verlieren!«

Doch, wenn ich will, kann ich das schon, aber ich will es nicht. Es macht auch keinen Sinn zu verlieren, weil wir alle Gewinner sind. Ebenso macht es keinen Sinn, sich zu messen, weil wir alle gut sind. Im Kindergarten habe ich bei Staffellauf und Ähnlichem nie mitge-macht. (Der Indigo hätte jetzt rebelliert oder Blödsinn gemacht – das Kristallkind setzt sich einfach auf die Seite, ganz friedlich.)

Viele bezeichnen es als Schwäche, wenn man nicht verlieren kann, doch ich sehe das ganz anders. Wir alle sind Gewinner, warum sollen wir verlieren? Verlust oder Mangel sind Illusionen, denn nichts kann weggehen, nichts kann sich auflösen, alles ist immer da. Selbst die Physik sagt, dass es im ganzen Universum immer gleich viel Energie und immer gleich viel Wasser gibt. Außerdem haben wir die Wahl; ich will immer gewinnen ☺, und ich weiß, dass ich immer gewinnen kann. Gewinnen fühlt sich auch viel schöner an. In meiner Familie wurden oft Gesellschaftsspiele gespielt, aber die mochte ich nie, weil eben immer einer verlieren muss, oder weil es immer darum ging, wer besser ist. Das ist doch Blödsinn, wir sind alle super.

Wir Kristallkinder

»Du bist besserwisserisch, sagst, du weißt alles, und du lässt dich nicht belehren!«

Ja genau – ich weiß alles, und ich zeige allen, was ich weiß; nur leider wird das oft falsch verstanden. Wenn ich sage, ich weiß alles, meine ich damit nicht, dass ich mehr weiß als du, meine ich nicht, dass du nichts weißt, ich meine auch nicht das auswendig gelernte Wissen – ich meine damit, dass ich alles für mich weiß. Ich weiß alles, was ich brauche. Ich weiß alles für mich, und du weißt alles für dich. Jeder weiß alles – wir alle wissen alles. Wenn ich in mein Herz gehe, kann ich alles ab-fragen, alles Wissen abrufen. Ich kann das, was die meisten unter Wissen verstehen – zum Beispiel die Größe der Erde in Zahlen –, nicht abfragen, weil mich das nicht interessiert, aber alles, was ich vom Herzen aus wissen will, kann ich abfragen und mir wünschen zu wissen. Es dauert zwar manchmal zwei Tage, eine Woche oder zwei Monate, bis ich es weiß, aber ich weiß es; von daher: Ich weiß alles! ☺

Belehren lasse ich mich gar nicht. Ich bekomme einen Schreikrampf, wenn mich wer belehren will, weil ich alles selbst machen und selbstständig sein will. Nie-mand weiß, was ich wissen will, und niemand weiß, was ich wissen soll. Ich weiß, was ich weiß. Ich weiß,

Der Blick von innen

was ich wissen will, und ich weiß, was ich lernen will. Niemand von außen weiß das, und niemand hat das Recht, mir zu sagen, was ich wissen muss. Will mich jemand belehren, so stellt er sich über mich, und das mag ich nicht. Niemand weiß mehr als ich, und niemand ist größer als ich. Wir sind alle gleich groß, wir sind alle gleich. Ich möchte mit allen Menschen auf einer Ebene und auf einem Boden stehen. Das ist Liebe.

»Du gehst Konflikten immer aus dem Weg!«

Ja klar, ist ja auch was Doofes. ☺ Warum soll ich mich mit jemandem streiten? Wir sind alle frei und können machen, was wir wollen. Wenn jemand wütend auf mich ist, soll er es sein. Wenn jemand etwas von mir erwartet, soll er das tun. Wenn mich jemand anbrüllen möchte, dann soll er das auch tun. Wir sind alle geliebt, egal, was wir tun, und wir sind alle frei, das zu tun, was wir wollen. Wenn jemand unbedingt mit mir streiten will, gehe ich meistens, weil ich nicht streiten will. Oft will dann jemand nur Energie von mir oder projiziert seinen Schmerz auf mich, will mit mir kämpfen. Kämpfen? Hallo, das mag ich nicht. Warum soll ich kämpfen? Ich habe ja alles, es ist alles da. Kämpfen kann man mit mir nicht, streiten auch kaum. Man kann sowieso

♥ 109 ♥

Wir Kristallkinder

nur mit sich selbst streiten und nur gegen sich selbst kämpfen. Kämpfe ich mit, gebe ich der Person ja Recht, dass sie gegen sich kämpfen soll.

Meist unterdrücken wir Menschen einfach etwas, was uns nicht passt, und dann fangen wir an, dagegen anzukämpfen. Zum Beispiel mag eine Person nicht, dass sie Angst hat, im Dunkeln zu fahren. Also kämpft sie gegen ihre Angst; das macht aber keinen Sinn, weil alles sein darf und wir alles annehmen dürfen. Sie will dann auch nicht, dass ich nachts nach Hause fahre. Das sagt sie natürlich nie so direkt; sie sagt eher: »Komm, schlaf doch heute bei uns« oder Ähnliches. Sie möchte also nicht, dass ich im Dunkeln nach Hause fahre, weil sie Angst davor hat. (Sie hat Angst, im Dunkeln nach Hause zu fahren, will sich das aber nicht eingestehen, erlaubt sich nicht, Angst zu haben, zwingt sich dann, keine Angst zu haben, stößt sie von sich weg und projiziert dies auf jemand anderen. Sie verbietet es sich selbst und dann auch nach außen, also verbietet sie es mir.) Sie kämpft gegen ihre Angst und möchte dann im Außen mit mir kämpfen, da sie ihre Angst auf mich projiziert – sie denkt, ich bin ihre Angst. – Doch ich kämpfe nicht mit. Was soll ich gegen ihre Angst kämpfen, bringt ja nichts, hat ja mit mir nichts zu tun. Sie kämpft ja schon gegen ihre Angst, und wenn ich mitkämpfe, unterstütze ich das nur. Also sage ich, dass ich nach Hause fahren möchte, auch wenn ich Angst im Dun-

Der Blick von innen

keln habe. So nehme ich die Angst an und höre auf mich und nicht auf ihre Angst – sehr kompliziert, ich weiß. Die Person kann ja schon Angst haben, die Person kann auch mit mir kämpfen wollen, aber ich mache, was ich will. Ich streite nicht mit der Person darüber, ob ich jetzt nach Hause fahre oder nicht, ich gehe einfach meinen Weg; ich mache das, was für mich stimmt, und lasse die Person das machen, was sie will. Wir sind ja alle frei.

»Du kannst dich nicht integrieren, du kannst dich nicht anpassen oder dich an Regeln halten!«

Wenn ich will, kann ich das schon. Wenn es Sinn macht, kann ich es auch. Ich suche mir aber immer selber aus, an was ich mich halte. Ich lasse mir nicht von außen etwas aufdrängen oder gar befehlen. Ich bin ich, ich gehe meinen Weg, ich weiß, was mir gut tut, und nur das mache ich – ganz einfach. Wenn man sich verbiegen muss, um zu etwas dazuzugehören, mache ich das sicher nicht. Klar, in der Schule musste ich mich anpassen; dies war mein Weg, und ich wollte das so. Heute muss ich mich aber nicht mehr anpassen; das ist sowieso doof, denn wenn ich ich selbst bin und jeder Mensch er selbst ist, passt doch alles super zusammen. Wenn jeder in seiner Energie, in seiner Mitte steht, harmoniert alles, dann brauchen wir keine Worte, keine Gesetze, keine Regeln, keine Zeit usw.. Ich habe meine Regeln, ich brauche keine von außen. Ich passe mich mir an, und das ist das Beste, was ich tun kann. Wie kann ich mich an etwas anpassen, von dem ich gar nicht genau weiß, was es ist, was es genau will. Nur jede Person selbst weiß, wer sie ist, was sie will und was sie soll. Jeder weiß es nur für sich selbst. Ich kann mich nur mir anpassen, weil nur ich weiß, wer ich bin und was ich will.

»Du kannst dich nicht unterordnen und hast Mühe mit autoritären Personen!«

Ja und nein. Unterordnen macht schon mal gar keinen Sinn, weil wir alle gleich sind und weil wir alle auf einer Erde stehen, auf einer Ebene. Von daher finde ich das schon von vornherein doof, wenn jemand möchte, dass ich mich unterordne – weil es einfach unrealistisch ist. Es gibt aber Situationen, in denen wirklich jemand den Überblick hat, der leitet, der führt. Wenn diese Person das wirklich macht, wenn sie wirklich autoritär ist, habe ich keine Mühe, mich anzupassen oder ihren Anleitungen zu folgen. Jetzt ist die Frage, wer für mich eine wirklich autoritäre Person ist!

Eine autoritäre Person ist für mich jemand, der selbstbewusst ist, der sich seiner selbst sicher ist, der sich liebt

Der Blick von innen

und annimmt. Wenn ein Lehrer also wirklich autoritär war, ging es super, dann standen wir auf der gleichen Ebene, und er leitete einfach an. Er fühlte sich dann nicht von mir angegriffen – und ich mich nicht von ihm. Ich stand auch nicht unter ihm und er nicht über mir. Wir waren uns beide sicher, wer wir sind und was für eine Position wir haben. Er hat geleitet, und ich ließ mich leiten.

Wenn eine Person aber unsicher ist und leiten soll, ist das ziemlich ungünstig. Dann geschieht es, dass er sich überordnet und die anderen unterordnet, weil er sich klein und unsicher fühlt. Eine selbstbewusste Person braucht keine Untergeordneten, weil sie weiß, wer sie ist und einfach ihre Aufgabe macht. Alles klar?

»Du machst nur das, wozu du Lust hast, alles andere lässt du liegen und kümmerst dich nicht darum!«

Ja, ganz genau! ☺ Ich bin hier, um mich gut zu fühlen, um Spaß zu haben und um das Leben zu genießen. Es macht absolut keinen Sinn, etwas zu machen, was einem keinen Spaß macht – und das meine ich für alle. Wir alle sind Teile eines großen Puzzles; jeder hat seinen Platz, und jeder hat seine Aufgabe. Zurzeit gibt es vielleicht 1000 verschiedene Puzzleteile. Also

Wir Kristallkinder

teilen sich 6.000.000.000 Menschen 1000 Plätze, 1000 Jobs ... Da ist es klar, dass es Konkurrenz, Krieg und Kämpfe gibt, denn sie müssen sich die 1000 Plätze ja teilen – sehr viele Menschen machen beispielsweise genau den gleichen Job. Fakt ist aber, dass es 6.000.000.000 Plätze gibt und 6.000.000.000 verschiedene Jobs.

Wie weiß man aber jetzt, wo sein Platz ist und welcher sein Job ist? Wie wissen wir, welches der Puzzleteile unser Teil ist? Das ist ganz schön verwirrend, doch da hat Gott, oder wer auch immer, eine super Lösung erfunden – er hat ein Herz eingebaut, Freude. Ganz genau das, was uns Spaß macht, ist unser Job; das, was uns Spaß macht, uns mit Freude erfüllt, in uns Frieden erzeugt, das, was wir vierzehn Stunden am Tag machen können, was uns mit Energie füllt, genau das ist unser Job, genau dort ist unser Platz, genau das ist unsere Lebensaufgabe. Das kann Relaxen, das kann Lachen sein, alles ist möglich, wir müssen nur unseren Horizont erweitern. Wenn uns etwas nicht gefällt, sind wir am falschen Platz. Wenn uns etwas stinkt, ist es nicht unser Job. Ich mache nur das, was mir wirklich gefällt und Spaß macht, weil es so sein soll.

Wenn es uns Spaß macht, machen wir es lieber, länger, besser, und es tut uns gut. Es ist total sinnvoll, nur das zu machen, was einem Spaß macht, und zu vertrauen. Alles ist da, und alles wird gemacht und erledigt, wir müssen uns nur um unseren Spaß kümmern. ☺ Hurra!

Der Blick von innen

»Du bist ein Trotzkind; du machst nicht das, was du machen sollst und was ich von dir verlange oder erwarte!«

Genau, ich mache nur das, was mir gefällt. Das, was dir gefällt, musst du schon selber machen. Das, was du erwartest, erwartest du ja vor allem von dir, also kannst nur du dir selber geben, was dir fehlt. Ich kann niemandem helfen, ich kann niemanden heilen und ich kann niemandem etwas geben. Ich kann nur für mich schauen, und ich kann nur das selber machen, was ich von mir oder von anderen verlange.

»Du kümmerst dich nur um dich und hilfst gar nicht mit!«

Ja und nein. Ja, ich sorge für mich, weil das meine Aufgabe ist. Ich bin für mich da, und du bist für dich da. Ich helfe sehr viel, aber die wenigsten sehen, was ich »mache«. Indem ich einfach ich selber bin und in meiner Energie stehe, mache ich schon sehr viel. ☺
Oft wird eben einfach nicht gesehen, was ich mache, weil man es nur mit dem Herzen sieht oder mit dem Herzen versteht. Oft mache ich ganz viel auf anderen Ebenen, auf feinstofflichen Ebenen, was auch viele nicht sehen.

Wir Kristallkinder

Mein Vater hat mir einmal etwas sehr Schönes gesagt, als wir an Weihnachten bei meiner Großmutter waren. Vier Leute standen in der kleinen Küche und machten den Abwasch. Ich setzte mich seelenruhig ins Wohnzimmer und relaxte. Da kam natürlich jemand und sagte: »Aha, Lena lässt sich wieder bedienen und hilft wieder mal nicht mit!« Ich überlegte: »Hm, O.K., ich habe gar keinen Platz mehr in der Küche, es ist nicht meine Aufgabe, vier Leute machen den Abwasch, wer wäscht die Energie?« Ich war dann ein bisschen traurig. Dann kam mein Vater zu mir und sagte: »Lena, schau, nur weil die anderen nicht sehen, was du machst, heißt das nicht, dass du nichts machst.« ☺

Vielfach helfe ich den Leuten auch, wenn ich einfach ehrlich bin, wenn ich direkt sage, was Sache ist. Da ist natürlich klar, dass sie es nicht als Hilfe ansehen, weil es zum Teil einfach unangenehm ist.
Also, wir Kristallkinder machen und helfen sehr viel, auch wenn es die wenigsten sehen.

» ›Kristallkind‹ ist nur ein Euphemismus für Eltern, die ihre Kinder nicht gut erzogen haben!«

Das ist es nicht, wird aber manchmal daraus gemacht. Es gibt natürlich Eltern, die das Thema falsch verstehen.

Der Blick von innen

Es wird sehr viel falsch verstanden, was in diesem Dschungel und Wirrwarr auf der Erde ja auch klar ist. Kristallkinder brauchen Grenzen, sie brauchen klare und liebevolle Neins, sie brauchen eine Führung. Wenn Eltern denken, sie haben ein Indigo- oder ein Kristallkind und müssen jetzt nichts mehr machen und alles dulden, liegen sie völlig falsch. Eltern sollten immer ihrer Linie folgen und auf ihr Herz hören. Das ist natürlich schwer, vor allem, weil alle sagen, wie es geht, und alle besser wissen, wie ein Kind erzogen wird. Kristall- oder Indigokinder sind Kinder, die auch laufen lernen, die auch lernen zu essen; sie brauchen eine Führung. Ich weiß, es ist ziemlich verwirrend, aber vieles kann der Verstand eben gar nicht fassen.

Es gibt auch viele Kinder, die als Indigos oder Kristallkinder hingestellt werden, aber gar keine sind. Wenn ein Kind einfach gegen Regeln rebelliert, kann es sein, dass es ein Indigokind ist, es kann aber auch sein, dass es nie klare Linien aufgezeigt bekommen hat. Wenn die Eltern einem Kristall- oder einem Indigokind klar und aus dem Herzen heraus sagen, was sie möchten, machen diese Kinder es auch meistens, außer es sind Erwartungen oder Dinge, die keinen Sinn machen. Wenn wir Menschen authentisch sind und das sagen, was wir für richtig halten, und aus dem Herzen heraus handeln, haben Kristallkinder auch keine Mühe, dies zu befolgen. Da wir fast alles hören, also das Herz, den Kopf, den Mund und

Wir Kristallkinder

den Bauch, sind wir oft verwirrt und wissen nicht, was wir jetzt tun sollen oder was von uns verlangt wird. Wenn ein Mensch aber nur eine Sprache spricht, ist es für uns viel leichter, das umzusetzen. ☺ Kapito?

Man kann lernen zu unterscheiden: Kinder, die nie Grenzen aufgezeigt bekamen, sträuben sich deswegen oft gegen alles. Wenn Eltern von ihrem Kind megabegeistert sind, schadet das dem Kind, weil so sein Ego zu stark ausgebildet wird. Ein Kind braucht keine Komplimente von außen, kein Anhimmeln oder ein zu starkes Beschützen; es weiß noch, dass es göttlich ist und dass es gut ist, so wie es ist.

Auch wenn ein Kind übrigens schöne blaue Augen hat und nicht viel sagt, ist es damit allein noch kein Kristallkind.

»Jeder Mensch ist speziell und besonders!«

Ja klar, das finde ich auch. Was jedoch die meisten Menschen mit diesem Satz meinen ist, dass du gar nicht so speziell bist, nur weil du dich Kristallkind nennst, sie denken, du bist nicht besser, und sagen dann: »Jeder Mensch ist speziell.« Das sagen sie nur, weil sie selbst nicht daran glauben, dass sie speziell sind. Wenn ich dann sage, dass ich speziell bin, trete ich ihnen damit auf ihren Schmerz, nämlich, dass sie sich nicht geliebt fühlen, dass sie sich

❤ 118 ❤

Der Blick von innen

nicht als speziell sehen – das ist jedoch ihr Schmerz. Wenn ich sage »Ich bin groß«, »Ich bin speziell«, »Ich bin schön«, sage ich es, weil es so ist. Ich sage nicht »Du bist es nicht.« Ich sage einfach nur, was ich bin. Was der andere dann damit macht, ist seine Sache. Jeder Mensch ist groß, jeder Mensch ist einmalig – ob er das sehen will, ist seine Sache. Ich will sehen, wie groß ich bin. ☺

»›Kristallkind‹ ist nur wieder eine Schublade!«

Ja, es kann eine Schublade sein, aber wir können immer selbst wählen, was wir daraus machen wollen. Mir selbst hilft diese »Schublade«. Ich kann mich so besser verstehen, ich kann mich so besser erklären. Wenn ich sage »Schau, ich bin eine Frau, deshalb habe ich keinen Penis«, ist es besser verständlich, weil es fassbar ist. Schubladen kann man fassen – der Verstand kann sie fassen.

Ich selber weiß ja, wer ich bin, und ich selbst kann aussuchen, als was ich mich sehen möchte. Ich lasse mich nicht von anderen definieren. Wenn mir die Kristallkind-Schublade zu eng wird, springe ich wieder raus. Sagt jemand, Kristallkinder sind so und so, und ich finde das nicht, dann sage ich nein, so sind sie nicht. Ich definiere mich selber und nicht nur als Kristallkind. Ich bin.

♥ 119 ♥

Häufig gestellte Fragen

Wie erkenne ich ein Kristallkind?

Ein Kristallkind erkennt sich nur selbst; Außenstehende können es nur erahnen und vermuten. Überhaupt: Jeder Mensch kann nur sich selbst erkennen. Es gibt Leute, die sehen die Aura, fühlen Energien und können es so erahnen, aber nur anhand der Aura kann man nicht feststellen, was eine Person ist. Die Lösung liegt im Herzen, wo nur jeder selbst hinkommt. ☺

Viele Menschen fragen mich, ob ich meine Kristall-Geschwister erkenne oder ob ich sagen kann, wer ein Kristallkind ist oder nicht. Das verneine ich, weil wir Menschen so vielschichtig sind – Ego, Persönlichkeit, Seelenanteil, verschiedene Leben, so viele verschiedene Energien –, da kann man kaum durchblicken, man kann nicht alles analysieren oder einordnen. Zudem können sich Kristallkinder sehr gut verstecken, und

Wir Kristallkinder

man erkennt sie nur, wenn sie es auch wollen oder wenn es an der Zeit ist.

Wie erkenne ich, ob ich ein Kristallkind bin?

Wenn du das wissen willst und es an der Zeit ist, wirst du es wissen oder erfahren. Du kannst aber kein Kristallkind werden oder ein Kristallkind sein wollen – entweder du bist eins, oder du bist keins, wie Shakespeare schon sagte: »Sein oder nicht sein«.

Ein Kristallkind trägt schon von Geburt an eine bestimmte Energie in sich – ganz einfach. Alle Menschen tragen eine Energie in sich, und die mit einer kristallinen Energie aus der Kristallsphäre nennen wir dann eben »Kristallkinder«. Doch wir brauchen jede Energie; alle Energien sind super, es geht nur darum, dass sich Leute mit gleicher Energie finden, verstehen und sich wohlfühlen – in meinem Fall, dass sich die Kristallkinder finden, verstehen und so ihre Energie oder Aufgabe klären können.

Wie sich die kristalline Energie auswirken kann, ist im Kapitel »Grundeinstellung« beschrieben. Jeder Mensch kann zur kristallinen Schwingung gelangen, sein Herz öffnen, jeder kann kristalline Strukturen um seinen Kör-

Der Blick von innen

per entwickeln und hat dann ähnliche Ansichten wie Kristallkinder oder deren Grundeinstellung; dennoch sind es dann keine Kristallkinder, weil diese einfach aus einer anderen Sphäre kommen.

Wie finde ich heraus, wer und was ich bin?

Hmm, schwere Frage – genau zu wissen, was du alles bist, ist unmöglich. Wir haben so viele Leben erlebt, tragen so viele verschiedene Energien in uns, das alles zu erfassen, damit ist unser Hirn schlichtweg überfordert, es ist zu klein dafür. Meine geistigen Kumpel haben mir auf meine Frage, wer und was ich bin, einfach gesagt, ich solle es malen. Daraufhin habe ich mich einfach frisch aus dem Herzen heraus gemalt. ☺

Wenn du wissen möchtest, wer du bist oder was du bist, wünsche es dir ganz fest, und bedanke dich für die Antwort – und schon erreicht sie dich. Es ist ein Prozess, herauszufinden, wer und was man ist. Dazu gehört, sich zu beobachten, Dinge anzuzweifeln, Berichte zu lesen, sich mit der spirituellen Welt zu unterhalten oder auch einfach mal zu seinem Heimatplaneten zu reisen und zu genießen ... – wobei viele nicht nur einen Heimatplaneten haben, sondern mehrere. Die Antwort liegt in deinem Herzen. ☺

Wir Kristallkinder

Was ist der Unterschied zwischen Indigo- und Kristallkindern?

Grundsätzlich sind sich Indigo- und Kristallkinder sehr ähnlich. Es gibt jedoch ein paar wenige Unterschiede. Indigokinder gehen noch tiefer in die Materie hinein, verstricken sich noch mehr in Mustern, Ängsten und kollektiven Dingen als Kristallkinder. Kristallkinder schweben eher über der Materie, gehen da nicht mehr so hinein, sondern laufen vielmehr daran vorbei. Auch hier möchte ich sagen, dass keines »besser« oder »schlechter« ist; wir brauchen beide, Indigos und Kristallkinder, und jeder arbeitet an seinem Platz. Kristallkinder können nicht so gut in der dichten Materie wirken, Indigokinder haben keinen so guten Durchblick von oben – zusammen ergänzen sie sich super. ☺

Werden Indigokinder nicht verstanden, was meist der Fall ist, gehen sie oft in Konfrontation, schlagen alles kurz und klein, rebellieren. Es ist ihr Job, die Materie aufzulockern, und dazu braucht es extrem viel Kraft. Ich habe mal die Kraft eines Indigokindes zu spüren bekommen; da habe ich mich wirklich gefragt, wie es überhaupt ruhig sitzen kann. Diese Kinder stehen wie unter Strom; ihre Aufgabe ist es schließlich, in die Materie einzutauchen und sie aufzurütteln.
Die Energie der Kristallkinder ist auch sehr kräftig, aber anders, irgendwie ruhiger und sanfter. Die Indigokinder

Der Blick von innen

kommen mit dem Buschmesser und hauen das störende Unkraut weg, damit die feinen Kristallkinder Platz haben und einfach sein können. Die Kraft der Indigokinder wird oft falsch verstanden; sie sind kräftig, aber nicht böse, sie hauen nur das kaputt, was wir nicht mehr brauchen, und das ist eine megawertvolle und wichtige Aufgabe.

Wenn sich Kristallkinder nicht verstanden fühlen oder ihre Energie nicht leben können, ziehen sie sich zurück, sie hören auf zu sprechen und schweben weg. Indigokinder rebellieren dann oder flüchten sich in Drogen. Auch die Körperstruktur der Indigos ist anders, sie ist viel robuster, was für die dichte Materie notwendig ist – und doch sind Indigos völlig klar und lichtvoll. Kristallkinder sind noch klarer und lichtvoller, können dafür aber nicht so in die Materie eintauchen.

Indigokinder sind auch sturer, ein bisschen begrenzter, eher beleidigt und wütend. Kristallkinder vergeben schneller, sehen sich das Ganze von oben an, aus einer übergeordneten Perspektive und mit einem weiteren Horizont. Kristallkinder begegnen anderen Menschen mit viel mehr Mitgefühl, Verständnis und Liebe.

Was ist ein Regenbogenkind?

Ich weiß es nicht.

❤ 125 ❤

Wir Kristallkinder

Kristallkinder kommen erst seit Ende der Neunzigerjahre auf die Erde, du bist aber älter – bist du ein Kristallkind?

Ja, ich bin ein Kristallkind. Ich bin sozusagen ein Vorreiter oder »Vorbahner«. Ich habe mich bewusst entschlossen, früher zu kommen und den »ganzen Salat« hier auf der Erde mitzumachen, damit ihn meine Kristallgeschwister dann nicht mehr machen müssen. Wenn sich Kristallkinder begegnen, erkennen sie sich oft. Wenn mir ein Kristallkind begegnet, erkennt es mich auf jeden Fall, weil es weiß, dass es mich oder einen Vorreiter finden soll; oft weiß es, wo ich bin, oder es hält einfach die Augen offen.

Dann bleibt es in meiner Nähe stehen, schaut mich an (oder nicht) und kopiert sich alle Informationen von mir. Wir hatten beschlossen, dass es ein bis vier Kristallkinder gibt, die früher kommen, und dass dann alle anderen von uns kopieren und abschauen können. Es müssen ja nicht alle das Gleiche durchmachen, es reicht, wenn es zwei bis drei tun. Wenn du jetzt ein Kristallkind zu Hause hast, kannst du ihm einfach das Buch in die Hand geben, ihm ein Foto von mir oder meine Homepage **www.lena.ch** zeigen, Texte vorlesen usw.; dann kann es sich mit mir verbinden und alle Informationen abrufen. ☺ This is my job.

Der Blick von innen

Liest du jetzt alle meine Gedanken?

Wenn ich erzähle, wer ich bin oder was ich kann, haben gewisse Personen Angst – sie denken, ich lese jetzt alle ihre Gedanken, fühle ihre Gefühle und durchschaue sie. Ja, ich durchschaue sie schon; ich kann in ihrem System – Körper, Gedanken, Gefühle, Herz, Seele – alles lesen und sehen, aber erstens nur, wenn sie das auch wollen und erlauben, zweitens nur, wenn ich das wissen will, und drittens nur, wenn es einem Zweck dient. In jeder Sekunde sendet ein Mensch circa 1000 Botschaften oder Energien aus. Es wäre viel zu anstrengend für mich, diese alle zu deuten und zu greifen. Ich gehe dann »offline« und bekomme gar nicht alles bewusst mit; das ginge auch gar nicht. Aber es ist alles wie gespeichert, und stellt mir eine Person eine Frage zu sich selbst, kann ich darauf zurückgreifen. Auch wenn ich verwirrt bin oder nicht genau weiß, was die Person jetzt meint oder will, kann ich mich einfach einklinken oder eben »online« gehen, um Informationen abzurufen. Das mache ich aber eben nur, wenn es beiden nutzt und wenn es beide wollen, sonst geht es gar nicht.

Mein Leben, mein Weg

Von mir sage ich natürlich, dass mein Leben ganz normal ist und war und dass alles natürlich ist, aus der Sicht anderer Menschen schaut es aber anders aus. In diesem Kapitel beschreibe ich daher, was ein Kristallkind ist und wie ich lernte, damit umzugehen, damit ihr alles noch deutlicher sehen oder spüren könnt. Manchmal klingt es nämlich sehr schön und angenehm, ein Kristallkind zu sein, es ist aber oft auch sehr anstrengend und unangenehm.

Mein Leben ist eigentlich ganz normal; ich ging zur Schule, stritt mit meinem Bruder, tanzte in Discos und flirtete mit Jungs. Alles fing bei mir ganz harmlos in meiner Klavierstunde an – ich war 17 Jahre alt. Ich verstand mich sehr gut mit meiner Klavierlehrerin, und die meiste Zeit diskutierten wir, anstatt Klavier zu spielen. Einmal erzählte sie mir, dass sie an einem Tierkommunikationskurs teilgenommen hatte. Das interessierte

Wir Kristallkinder

mich, und sie erzählte mehr darüber. Plötzlich spürte ich ein warmes und schönes Gefühl im Herzen. Ich hatte keine Ahnung, woher dieses schöne und kraftvolle Gefühl kam, es tauchte ganz plötzlich auf. So machte ich mir Gedanken und schaute mich um. Da sah ich – mit meinem geistigen Auge, damals hatte ich noch keine Ahnung davon – meine vor fünf Jahren verstorbene Urgroßmutter. Ich liebte meine Omi, und ich war sehr traurig, als sie gestorben war. Für mich war sie der einzige Mensch gewesen, der mich verstanden hatte. Jedenfalls sah ich sie, spürte sie und ihre Liebe, und ich hörte, wie sie sagte: »Lena, ich bin da, ich bin gar nicht weg, ich bin schon die ganzen fünf Jahre da. Ich bin immer noch für dich da.« Wow, das war so schön. ☺ Die ganze Trauer löste sich in einem Moment auf, weil sie da war, weil ich sie und ihre Liebe spürte. Das war wunderschön.

Anfangs war ich zwar noch ein bisschen unsicher und wusste nicht genau, was jetzt passierte. Ich fragte Veronica, meine Klavierlehrerin, ob man mit Verstorbenen auch sprechen kann, und sie bejahte es. So fing alles an! Ich begann, die Dinge zu erforschen, sprach oft mit meiner Omi und stellte ihr viele Fragen. ›Wenn ich mit meiner Urgroßmutter sprechen kann‹, dachte ich mir, ›kann ich ja auch mit Tieren sprechen‹. So begann ich, mit Tieren, Bäumen, Blättern, Tischen, Autos, PCs, Tassen und Wolken zu sprechen – man nennt das Tele-

Mein Leben, mein Weg

pathie. Am Anfang war ich natürlich sehr kritisch; ich ging ja aufs Gymnasium, da beweist man alles, versteht alles mit dem Kopf und dem Gehirn, und ich glaubte auch nicht an Gott. So ging ich ganz offen an die Sache heran, war aber nicht sehr überzeugt, dass ich wirklich mit Tieren sprechen kann. Ich ließ mich aber darauf ein und beobachtete, was geschah. Erst dachte ich, dass ich mir die Antworten nur ausdenke, denn früher haben mir die Leute immer gesagt, ich hätte eine blühende Fantasie – dabei habe ich einfach mehr wahrgenommen als andere. Das Ausdenken dauert auch ziemlich lange, die Antworten der Tiere kamen aber rasend schnell – so schnell, dass mein Gehirn gar nicht hinterherkam oder denken konnte. Heute weiß ich, dass Telepathie die schnellste Geschwindigkeit hat, sie ist schneller als Lichtgeschwindigkeit, die bekanntlich schon sehr schnell ist: Wenn ich eine Lampe anzünde, verbreitet sich das Licht mit einer so hohen Geschwindigkeit, dass es in einer Sekunde sieben Mal die Erde umrunden könnte. ☺ Übrigens haben Physiker auch schon bewiesen, dass es Telepathie gibt, denn sie ist ja nichts anderes als Schwingung, und alles schwingt. Wir schwingen auch, also können wir uns über diese Schwingung mit allem unterhalten – das ist doch toll. ☺

So übte ich mich in Tierkommunikation und erforschte die Welt bewusster. Für mich war das ganz normal, ich

Wir Kristallkinder

wusste aber, dass ich über solche Dinge nur mit meiner Klavierlehrerin sprechen konnte, und dabei beließ ich es dann auch. Vielleicht spürte ich auch einfach gut, wem ich was erzählen konnte.

Am Anfang war ich natürlich voll offen, und die verschiedensten Wesen oder Geistchen kamen zu mir und unterhielten sich mit mir. Da gab es Wesen, mit denen war es sehr angenehm zu quatschen, es fühlte sich schön an und ich fühlte mich wohl. Dann gab es aber auch Wesen, die komische Dinge erzählten oder mit denen ich mich voll unwohl fühlte. Einmal zum Beispiel kam ein Engel zu mir und sagte: »Hallo Lena, ich bin Erzengel Gabriel, ich komme, um dir etwas zu erzählen, und zwar wirst du einen Sohn bekommen, und der wird Joseph heißen.« Ich war völlig sprachlos. Auf der einen Seite klang die Nachricht verlockend, irgendwie fühlte sie sich aber komisch an. Also spürte ich einfach gut in mein Herz hinein und merkte, dass das völliger Blödsinn war.

Abends kamen auch oft Wesen und wollten etwas von mir, wollten mich drängen oder sonst was. So fragte ich eine gute Kollegin, was ich tun könnte. Sie erzählte mir, dass ich mein drittes Auge fragen könnte, ob das Wesen aus dem Licht komme oder nicht – wenn es aus dem Licht komme, sei es OK, wenn nicht, solle ich es einfach wegschicken. (Sie erzählte mir auch, ich könne

Mein Leben, mein Weg

mir einfach eine goldene Glocke umbinden oder »Jesus Christus« rufen.) Dabei lernte ich dann auch, dass der menschliche Wille etwas vom Höchsten ist, das heißt, wenn ich möchte, dass ein Wesen geht, dann muss es gehen! Dies ist eines der höchsten Gesetze und steht ja auch schon in der Bibel – »mein Wille geschehe«. Sobald also wieder solche lästigen Wesen kamen, fragte ich entweder mein drittes Auge oder das Wesen selbst, ob es aus dem Licht komme – die Wesen müssen immer Antwort geben und müssen auch immer ehrlich sein, wenn wir das wollen. Wenn es nicht aus dem Licht kam, sagte ich ziemlich bestimmend: »Geh weg«. Manchmal ging ich auch einfach in mein Herz, fühlte und versprühte Liebe.

Ich merkte schnell, dass ich nicht alles glauben konnte, was ich von der feinstofflichen Welt hörte, ich musste lernen zu unterscheiden. Am einfachsten und wirkungsvollsten kann ich mit meinem Herzen unterscheiden, mit meinem Gefühl. Oft kamen Wesen und erzählten mir schöne Dinge. Ich fühlte dann einfach gut in mein Herz, meinen Körper – und beobachtete. Denn es kam auch vor, dass ein Wesen zwar die schönsten Dinge erzählte, ich jedoch im Bauch ein komisches Gefühl hatte. Wenn ich mich dann nur schon ein kleines bisschen unwohl fühlte im Herzen, nicht im Kopf und in den Gedanken, dann glaubte ich ihnen nicht alles.

❤ 135 ❤

Wir Kristallkinder

Ich übte und probierte also einfach für mich alleine aus, was es auf der Erde an Feinstofflichem gibt, oder ich erinnerte mich daran, was es alles gibt.

Wie ich erfuhr, dass ich ein Kristallkind bin

Als ich 19 Jahre alt war, hatte ich oft Halsschmerzen. (Die Ursache ist mir jetzt bekannt: Viele Leute wollten die Wahrheit nicht hören, die ich erzählte, und so dachte ich, dass mir niemand zuhören möchte.) Ich bin kein Fan der Medizin, ich möchte immer die Wurzel des Problems suchen. Also beschloss ich, als ich kurz vor dem Abitur stand, das Ganze mit Lichtenergien behandeln zu lassen. Zu dieser Zeit hatte ich keine Ahnung von Esoterik, Spiritualität oder sonst was; ich wusste nur, dass ich mich mit allem unterhalten konnte, was für mich ja auch ganz normal war.

Meine Klavierlehrerin erzählte mir von einer Energiebehandlung, und noch am selben Tag rief ich dort spontan an und wollte noch am Abend einen Termin haben. Dort angekommen, führten wir zuerst ein Gespräch. Die Lichtschaffenden erzählten mir, dass sie während

Wir Kristallkinder

der Behandlung die Zellen mit Licht füllen und umprogrammieren. Sie hatten über meine Klavierlehrerin schon von mir gehört und nannten mich »Die mit den Blättern spricht«.

Die Behandlung war sehr angenehm. Ich schwebte in verschiedene Welten und lachte vor lauter Glücksgefühlen. Als nach einer Stunde die Behandlung beendet war und ich halbwach auf dem Massagebett lag, hörte ich, wie die Lichtarbeiter ganz aufgeregt flüsterten. Beim anschließenden Gespräch erfuhr ich, was sie bei mir festgestellt hatten. Sie sagten, meine Zellen seien voll von Licht, und ich strahle eine wahnsinnige Energie aus. Normalerweise müssen sie nach jeder Behandlung ihre Hände waschen, doch nach meiner war das nicht mehr nötig. Sie bedankten sich bei mir, denn ich hatte ihnen Energie gegeben. Sie sagten weiter, dass meine Aura riesig sei, größer als das Geschäft, und dass ich ein Kristallkind sei – ich verstand nur Bahnhof.

Na toll, ich hatte keine Ahnung, was ein Kristallkind ist! Sie fragten mich, ob ich schon mal etwas von Indigokindern gehört hätte, doch auch davon hatte ich keine Ahnung. Sie erklärten es mir, was mich jedoch nicht besonders interessierte. Nach der Behandlung fühlte ich mich aber seltsam gut. Ich glaubte natürlich nicht, dass ich ein Kristallkind bin – ich glaubte ja nicht mal an Gott. Von da an passierten immer mehr Dinge, die ich mir

Mein Leben, mein Weg

nicht mehr erklären konnte. Dann war es so, als ob mir das Ganze einen Schleier weggenommen hätte; ich verstand und sah immer mehr Zusammenhänge. Ich träumte etwas, und gleich am nächsten Tag traf es ein. Ich merkte vieles ganz bewusst – ich wusste genau, wer als Nächstes zur Tür hereinkommen würde, ich wusste, was für Noten ich in Tests bekommen würde. Viele Dinge wurden mir immer bewusster. So begann ich, mehr darüber nachzudenken, zu beobachten, und ich besorgte mir ein paar Informationen über Kristallkinder. Die meisten Texte über Kristallkinder berührten mich unheimlich. Zum Teil weinte ich während des Lesens, weil es mir irgendwie bekannt vorkam, aber ich die Welt nicht mehr verstand – und das kurz vor dem Abitur. Ich hatte mein Leben schon geplant: Nach dem Abitur mache ich ein Zwischenjahr, in dem ich auf Reisen gehe, Sprachen lerne, Theater spiele, wieder mehr male und so weiter. Nach diesem Zwischenjahr werde ich Gesellschaftswissenschaften studieren an der Uni Luzern oder in Freiburg – doch plötzlich waren meine ganzen Pläne, meine Einstellung und Denkweisen umgekrempelt und über den Haufen geworfen! Ich wollte es plötzlich gar nicht mehr, und ich verstand es nicht – von heute auf morgen sah alles anders aus. Ich wusste, dass ich jetzt einfach viel Zeit brauchte, um zu sehen, was los ist, und ich wollte zuerst mal das Abitur machen. Uff!

Nachdem ich mich dann noch mit meinen Eltern ziemlich gestritten, doch das Abitur bestanden hatte, war mehr Zeit, mich um den Begriff »Kristallkind« zu kümmern. Ich las Bücher, Texte und unterhielt mich mit Leuten. Mit der Zeit begann alles Sinn zu machen, mein ganzes Leben lief ab wie ein Film, und alles erklärte sich. Ich verstand, warum ich mit Tieren sprechen kann, warum ich so sensibel bin, warum Mückenstiche wie Bisse sind, warum ich mich manchmal nicht zu Hause fühle, warum die Leute mich nicht verstehen und warum ich anders bin. **Und mir wurde klar, dass ich ein Kristallkind bin!**

Nachdem ich das Abitur abgeschlossen hatte und mir immer bewusster wurde, wer ich bin, was die Welt ist usw., konnte ich natürlich nicht mehr studieren. Ich wollte mir nichts mehr von außen aufzwingen lassen, sondern nur noch ich selber sein und auf mein Herz hören. Also suchte ich mir eine passende Ausbildung, von der ich mir erhoffte, dass mich die Menschen dort so nehmen würden, wie ich bin, und mich nicht verbiegen wollen. Ich suchte eine Ausbildung, die auf meinem Wissen aufbaut und es ergänzt. Leider habe ich keine passende Ausbildung gefunden, denn weder an der Uni noch an sonstigen Schulen oder Kursen wurde ich genommen als das, was ich bin – damit meine ich nicht mich als Kristallkind, sondern mich als voll bewussten und verantwortungsvollen Menschen. Ich wuss-

Mein Leben, mein Weg

te auch, dass ich nicht in einem Betrieb oder Geschäft arbeiten kann, wo es viele Menschen gibt und wo ich einen Chef habe. Chefs und Lehrer hatten schon immer Mühe mit mir, weil sie meine Größe sahen und spürten, weil ich sagte, was ich dachte und weil man mir nichts vormachen konnte. Ich wusste auch, dass ich mich nicht unterdrücken lasse, also kam eine Stelle als Angestellte auch nicht in Frage. Ich kann nur mit Menschen zusammenarbeiten, wenn diese mit mir auf der gleichen Stufe und Ebene stehen. Da ich zudem bei den Menschen oft etwas auslöse und sie mit ihren verdrängten Problemen konfrontiere, war es noch schwieriger, eine geeignete Aufgabe zu finden.

Ich beschloss, meinen eigenen Weg zu finden und zu gehen

Ich machte mich als Tierkommunikatorin und Jugendberaterin selbstständig. Ich zog mich so ziemlich von allen gesellschaftlichen Dingen zurück und lebte einfach für mich, in und mit meinem Herzen. Ich hatte noch oft versucht, irgendwo zu arbeiten, aber das ging nicht, das ist einfach nicht mein Job. Ich bin hier auf der Erde, um etwas Neues zu machen und um etwas ganz Neues zu bringen.

Also zog ich mich erst einmal von allem zurück, war tagelang für mich alleine, heilte mich und räumte bei mir auf. Ich merkte, dass mich die Schulzeit, meine Verwandten, einfach mein ganzes Umfeld, total verbogen hatten und ich so viele Dinge machte, die mir gar keinen Spaß bereiteten und die ich gar nicht machen wollte. So fragte ich mich, was ich machen will, habe es mir gewünscht, es erhalten und dann einfach getan.

Wir Kristallkinder

Während ich dies gemacht habe, habe ich es beobachtet, gut gespürt und dann meist irgendwann gemerkt, dass ich es doch nicht will – und wieder losgelassen. Dann habe ich mich wieder gefragt, was ich will, es mir gewünscht, erhalten, getan, beobachtet und wieder losgelassen. Dadurch bin ich mir, meinem Herzen, meinem Lebenstraum immer nähergekommen, wurde viel leichter, glücklicher und fröhlicher.

Jetzt habe ich mit fast allem Frieden geschlossen. Dadurch, dass ich mir Zeit und Raum gegeben habe und mir erlaubt habe, Nein zu sagen, zu mir zu stehen und einfach meinen Weg zu gehen, hat sich alles aufgelöst.

Mit 21 Jahren besuchte ich das Indigo-Treff-Training von Carolina Hehenkamp. Carolina war der erste Mensch, der mich einfach so nahm, wie ich bin, der sah, wer ich bin, der mich ließ, der mich verstand und der mir mit Liebe begegnete. Sie sah und nahm mich auf der gleichen Ebene, schaute nicht zu mir hinunter und auch nicht zu mir hinauf. Sie projizierte ihre Ängste, Sorgen und Nöte nicht auf mich und hat auch viele negative und niedrige Schwingungen bei sich aufgelöst. Ich wusste, von ihr kann ich lernen, mit ihr zusammen kann ich sein.

Das Indigo-Seminar war der Oberhammer! Da saßen 22 Indigos im Alter zwischen 20 und 26 Jahren, alle mit der gleichen Vergangenheit, den gleichen Träumen und

Mein Leben, mein Weg

der gleichen Wahrnehmung. Ich fühlte mich zum ersten Mal so richtig zu Hause und verstanden. Da war ich nun mit vielen Leuten zusammen, die nicht verstanden wurden, die genau gleich dachten wie ich und die die Welt auch so komisch wahrnahmen wie ich. Das war einfach unglaublich! Wir waren drei Tage lang zusammen, haben viel ausgetauscht, viel geweint, Erdungsübungen gemacht und uns einfach geheilt.

Danach konnte ich mit der Welt viel besser umgehen. Ich wusste ganz klar: Ich bin richtig! Ich wusste: Ich bin nicht allein! Ich wusste: Es gibt noch mehr Leute, die sich genauso fühlen wie ich – das ist unglaublich schön!

Ich konnte mich mit meinen Eltern versöhnen und ganz vieles einfach auflösen. Ich verstand mich viel besser, und ich verstand somit auch die Welt viel besser. Ich konnte mit mir Frieden schließen, mich annehmen, so wie ich eben bin, und somit auch die Welt außen annehmen, wie sie ist. Ich lernte immer mehr, mit mir und meinen Fähigkeiten und Wahrnehmungen umzugehen.

Im Jahr 2008, als ich 22 Jahre alt war, lernte ich bei einem Indigo-Treffen Volker kennen. Wir verstanden uns gut, und ich fühlte mich einfach wohl bei ihm. Eines Tages erzählte er mir, dass er sein Team sucht und auch schon eines zusammengestellt hätte; dann ging es ziemlich schnell ... und wir erinnerten uns. Wir sahen

Wir Kristallkinder

ganz genau, wie er in meine Kristallsphäre kam und mich bat, auf die Erde zu kommen. Er war eines dieser drei Wesen, die uns in der Kristallsphäre besuchen kamen. Er konnte mir diese Sphäre genau beschreiben und auch, wie wir so sind. Er erzählte: »Ich ging auf verschiedene Planeten zu den Leuten, die sich bewarben, in mein Team aufgenommen zu werden.« Ich wusste genau, dass ich mich nicht beworben hatte, was er mir dann auch bestätigte: »Ja, bei euch hatten wir auch keine Vorstellungsgespräche. Bei euch hatten wir einfach gehofft, dass jemand zusagt, dass wir jemanden bekommen können – wie wenn der deutsche Fußballverband bei Ronaldo anfragt; man hofft einfach, dass man mal mit ihm sprechen kann. Wir haben euch auch circa elf Mal angeschrieben, bis wir zu euch kommen konnten.« Ich musste sehr lachen, denn genauso war es, und ich erinnerte mich noch genauer daran. Wir Kristallwesen haben einfach alles bei uns oben und sind einfach glücklich.

Er erzählte dann weiter: »Bei euch sieht alles ganz anders aus, so schön. Nachdem wir euch berichtet hatten, um was es geht, und nachdem du dich gemeldet hattest, saßen wir an einem Tisch. Das fanden wir lustig, weil euer Tisch ganz anders aussah; es war kein normaler viereckiger, sondern ein sichelförmiger. Wir drei Wesen setzten uns an die Innenseite der Wölbung, und du saßt mit deinem Team außen an der Wölbung. So fragten wir uns, wer wohl jetzt wen aussucht.« Ich musste so lachen,

♥ 146 ♥

Mein Leben, mein Weg

denn genauso sind wir. Wir hatten genau gemerkt, dass sich die drei Wesen ein bisschen wichtig fühlten, weil sie ein Team aussuchen und weil sie uns besuchen durften. Doch bei uns sind alle wichtig, und wenn, dann suchen wir aus. Mit diesem Tisch haben wir gleich geklärt, dass alle gleich sind – und wenn wer aussucht, dann wir. Das ist unsere lockere und humorvolle Art, den Leuten zu zeigen, wie das Leben läuft – angenehm und klar.

Er bestätigte es mir und sagte: »Ja genau. Ich glaube sogar, ihr habt den Tisch extra für uns gemacht.« Ich musste schon wieder so lachen, weil wir einfach lustige Wesen sind. Ja genau, wir hatten den Tisch nur für den Besuch gemacht, weil wir wussten, dass diese drei Wesen es gewohnt sind, einen Tisch zu haben. ☺ Wir brauchen doch keine Tische, wir sind alle eins. ☺

Dieses Ereignis war so unglaublich für mich, weil ich wusste, es können nur Kristallwesen in die Kristallsphäre kommen – außer diese Ausnahmen. Ich war so froh, weinte nur noch und spürte mein großes Heimweh, war aber auch glücklich, dass mir mal jemand von meiner Sphäre erzählte.

Doch gleich darauf wurde ich stinksauer auf Volker. Ich spürte diesen Trennungsschmerz, diesen Riesenschmerz, der mich an die Trennung von meiner Kristallsphäre erinnerte, die Trennung von der Liebe, dem Licht und der

❤ 147 ❤

Wir Kristallkinder

Freude – ich erinnerte mich an das Verlassen der megalichtvollen Ebene, um auf der Erde zu leben.

Ich machte Volker verantwortlich dafür, dass ich mich manchmal so mies fühlte, so beschissen und verarscht, denn diese drei Wesen hatten uns von der Erde erzählt. Wir hatten aber fast nichts verstanden, da wir Wörter wie »schwierig, Angst, kalt, dunkel, tief, unwohl« nicht verstanden; die gibt es bei uns nicht. Ich fühlte mich hinters Licht geführt, weil sich die Erde ganz anders anfühlte, und wenn ich das gewusst hätte, wäre ich nicht hierher gekommen.

Ich ging dann noch einmal zu einem Indigo-Treffen bei Carolina, das dieses Mal sechs Tage lang dauerte. Es war sehr intensiv, und ich konnte zum ersten Mal so richtig loslassen. Bis dahin hatte ich alles getragen. Ich hatte die Probleme meiner Mitmenschen getragen, sie gehalten und Verantwortung übernommen. Doch dann merkte ich, dass dies nicht meine Aufgabe ist, und ich ließ einfach los. Ich muss nur mich tragen und nur für mich da sein.

Nach diesem Prozess landete ich in einem riesigen Loch. Ich spürte meinen ganzen Schmerz und mein großes Heimweh. Ich sah, wie die Erde wirklich ist, wie kalt sie ist, wie viele Ängste es hier gibt und wie gemein und hart die Leute miteinander umgehen. Diesen Schmerz trug ich schon so lange mit mir herum, so unglücklich

♥ 148 ♥

Mein Leben, mein Weg

zu sein auf der Erde, hier zu sein in dieser kalten und lieblosen Sphäre. Ich wollte nur noch weg und sterben ... Und genau in dem Moment wusste ich, wenn ich wirklich will, kann ich jetzt gehen. Ich hatte nun gesehen und verstanden, wie die Erde ist, wie sie funktioniert. Als ich oben in der Kristallsphäre war und die drei Wesen nur von ihr erzählt hatten, verstand ich nicht wirklich, doch jetzt war es soweit. Also lag ich in meinem Bett, fühlte mich schrecklich, und ich wusste, wenn ich wirklich will, kann ich jetzt sterben und in meine Kristallsphäre gehen. Ich überlegte mir gut, welche Aufgabe ich hier habe, was ich machen möchte, was mir gefällt und was nicht. Nach einer Weile entschloss ich mich: Ich will hier auf der Erde sein! Ich nehme die Erde so an, wie sie ist! Ich kann es sowieso nicht groß ändern. So entschloss ich mich ganz bewusst: Ja, **ich will hier auf der Erde sein!** Ich nehme die Erde als mein Zuhause an. Ich bin ein Mensch. Ich bin jetzt ein wirklicher, wahrer Erdling!

Diese Gedanken waren unglaublich befreiend für mich. Ich realisierte, dass ich wirklich ein Mensch bin, dass ich göttliche Materie bin, dass ich wirklich einen Körper habe, und ich nahm es einfach an. Ich weinte so viel, nahm mich in den Arm und sagte einfach JA.

Später habe ich noch einmal eine Person getroffen, die in meiner Kristallsphäre war. Aber von dieser Liebe erzähle ich ein anderes Mal ...

♥ 149 ♥

Wir Kristallkinder

Heute lebe ich ein Leben, wie es mir im Moment gerade super gefällt. ☺ Ich stehe auf, wenn ich soweit bin, ich esse, wenn ich Hunger habe, ich schlafe, wenn ich müde bin – und nicht dann, wenn »man soll oder muss«. »Man« mag ich sowieso nicht.

Wir, ein Team von circa neun Leuten, haben eine neue Schule gegründet, eine Schule, in der die Kinder so lernen, wie es sein soll, nämlich frei, voller Freude, ohne Druck, ohne Erwartung, ohne Ängste, liebevoll, respektvoll und freudvoll. Mehr über die Schule findet ihr auf **www.schulemitherz.ch.**

Ich habe mir ein Leben gewünscht, erschaffen und eingerichtet, in dem ich viel Freiheit habe, in dem ich nur das tun kann, wozu ich auf der Erde bin, das, was mir Spaß macht. Ich habe Menschen gefunden, die mich so nehmen, wie ich bin, die mir mit Liebe und Mitgefühl begegnen, Menschen, die sehen, was für ein Geschenk ich bin, Menschen, die an sich arbeiten, Menschen, die ihre Größe sehen wollen, Menschen, die auch auf ihr Herz hören, und Menschen, die einfach offen sind für Neues. Danke!

❤ 150 ❤

Unsere Botschaft

Die Hauptbotschaft ist Liebe

Unsere Botschaft ist natürlich extrem lang, groß und vielschichtig. Ich nenne hier aber die wichtigsten Punkte.

Die Hauptbotschaft ist LIEBE.

Wir sind Menschen

Wenn wir Kristallkinder keine Menschen wären, könnten wir hier nicht leben und wirken – dies ist also die Voraussetzung. Damit wir das sein können, ist es hilfreich, dass wir wir selbst sein können. Stellt uns also bitte nicht auf ein Podest! Behandelt uns ganz normal. Viele schwärmen von uns, was wir alles können, dabei könnt ihr das alles auch. Schwärmt nicht von uns, schwärmt von euch! Wir sind hier, um euch zu zeigen, wie wunderbar der Mensch ist, wie wunderbar die Erde

Wir Kristallkinder

ist. Wir sind keine Außerirdischen, keine Wunderkinder oder Ähnliches – wir sind ganz einfache, normale und simple Menschen.

Wir sind hier, um euch zu zeigen, was ihr alles könnt! Das ist wirklich ganz wichtig. Das, was ich in den letzten Kapiteln geschrieben habe, tönt alles sehr schön und toll, aber es ist noch lange nicht alles. Wir haben auch Macken, ein Ego, Muster und negative Seiten. Aber wir kennen, im Gegensatz zu den meisten anderen Menschen, die Göttlichkeit eines Menschen, wir haben sie nicht vergessen.

So, wie wir sind, kann jeder Mensch sein, jeder – auch du, der du dies gerade liest, du bist genauso göttlich und toll. Also erkenne deine Schönheit, deine Größe! Nimm unsere Größe als Ansporn. Schau nicht zu uns hinauf und auch nicht zu uns hinunter; lass uns neben dir und mit dir laufen, auf einer Straße, auf einer Höhe. Wir sind alle gleich, und wir sind alle eins. Also schaut euch an, schaut eure Göttlichkeit an, schaut eure Größe an!

Natur

Die Natur ist wunderschön. Wir sollten alles daransetzen, sie zu erhalten, zu respektieren, zu genießen und uns daran zu erfreuen. Die Natur ist Liebe pur. Sie strahlt so schöne Energien aus. Freuen wir uns doch über sie! Von der Natur können wir uns heilen lassen, Kraft

Unsere Botschaft

tanken und wieder in unsere Mitte kommen. Erkennt den Wert der Natur wieder, behandelt sie mit Liebe und Respekt.

Körper und Gesundheit

Zur Natur gehören auch wir. Unser Körper ist sehr kostbar und natürlich. ☺ Wir sollten bewusst mit unserem Körper umgehen, denn er ist genial. Nehmt euch doch mehr Zeit für euch, euren Körper, euren Geist und eure Seele. Hört auf euren Körper, er spricht eine Sprache und arbeitet mit euch zusammen – niemals gegen euch. Also bekämpft den Körper nicht, sondern versucht, ihn zu verstehen und gemeinsam eine Lösung zu finden, oder geht zu jemandem, der ihn versteht – und zwar als Ganzheit. Wenn alles stimmt, werden wir nämlich nicht krank. Wenn alles stimmt, haben wir eine perfekte Figur. Ich kann mich an frühere Leben erinnern, da hatten alle Frauen Modelfiguren und alle Männer waren muskelbepackt, ohne irgendetwas dafür zu tun. Alles ist möglich mit null Aufwand; das können wir alle steuern und lösen. Niemand hatte damals einen Schönheitstick oder hat sich mit Blödsinn beschäftigt wie Haare abrasieren, Hungern, Muskelstress, Haut einschmieren usw. Nehmen wir den Körper doch so an, wie er ist, und hören wir ihm gut zu.

❤ 155 ❤

Wir Kristallkinder

Liebe

Ja, die Liebe. Was soll ich da sagen ... Liebe ist! Liebe ist überall. Wir können alles lösen mit Liebe. Liebe ist die Lösung, der Weg und das Ziel. Die Erde ist voller Liebe. Wir brauchen nur unser Herz aufzumachen, und schon spüren wir diese immense Liebe, die uns immer umgibt. Wenn wir uns selbst lieben, fällt uns alles leichter, und alle Konflikte lösen sich auf. Wenn wir alles annehmen und lieben, wie es gerade ist, gibt es keine Auseinandersetzungen mehr. Alles wird wunderschön, wir können uns freuen an allem, und wir können alles lieben. Liebe ist der Anfang und das Ende.

Lasst uns lieben! Lasst uns Liebe streuen! Lasst uns uns an der Liebe erfreuen! Lasst uns Liebe sein!

Ausklang

Danke!
Vielen Dank für dein Interesse und deine Offenheit. Das freut mich sehr. ☺
Du hast jetzt einen winzigen Einblick in die Welt der Kristallkinder erhalten – und ihn hoffentlich genießen können. Du kannst dich jederzeit mit unserer Kristallenergie, mit unserer Liebe und Freude verbinden, wenn du magst.

Zum Ausklang erzähle ich dir jetzt noch, was wir uns wünschen. Es sind ganz einfache und simple Wünsche von uns an euch. ☺

Ich habe lange überlegt, ob ich Tipps oder Empfehlungen geben soll, wie man mit uns umgehen soll, doch wir brauchen keine Sonderbehandlung. Es gibt keine Regeln oder Gesetze, bei denen sich Kristallkinder

Wir Kristallkinder

einfach nur wohlfühlen, es gibt aber Wünsche, mit deren Erfüllung wir es einfacher haben.

Sprecht aus eurem Herzen! Seid ehrlich, hört auf eure Seele und auf euer Herz! Wir hören, was euer Herz sagt, und es ist nicht schön für uns, wenn wir zwei oder drei Antworten bekommen. Also kommt mehr zu euch, fühlt in euer Herz hinein, und sprecht aus dem Herzen heraus – und nicht mit dem Verstand.

Hört uns zu! Nehmt uns als volle Personen wahr, egal in welchem Alter wir sind, ob zwei, vierzehn oder 19 Jahre alt. Wir sind! Wir sind alte, wissende Seelen, und das hat nichts mit dem Alter des Körpers zu tun. Begegnet uns mit Respekt, Achtung und Liebe, genau wie wir es bei euch tun.

Wenn ihr uns jedoch nicht respektiert, sehen wir auch keinen Grund, euch zu respektieren, egal ob Eltern, Lehrer oder Ärzte. Ihr denkt, dass die mehr wissen, höherstehend sind, dass sie mehr Respekt verdienen oder mehr Achtung? Falsch! Jeder verdient genau gleich viel Respekt, egal welche Ausbildung, welchen Reichtum oder welches Alter er hat. Begegnet uns auf einer Ebene.

Ausklang

Seid offen! Öffnet euch für eine neue Welt, neue Gesetze, neue Arten des Denkens und des Fühlens. Legt alles, was ihr gelernt habt, auf die Seite, und hört uns zu. Begegnet uns mit offenen Ohren, offenem Herzen und offenem Horizont, sonst gibt es keinen Platz für unsere Gedanken und für unsere Welt, und dann wollen wir eure Gesetze auch nicht hören. Nur wenn wir uns gegenseitig offen begegnen, können wir beide lernen.

Ich freue mich auf eine Welt voller Liebe und Freude!
Liebe Grüße, Lena

Über die Autorin

Lena ist 1986 auf die Welt gekommen und eines der ersten Kristallkinder. Sie hat ganz gewöhnlich die öffentliche Schule abgeschlossen und Abitur gemacht. Jedoch hat sie sich immer alleine und unverstanden gefühlt. Nach dem Abitur hat sie sich erinnert, wer sie ist, hat ihre Aufgabe gefunden und lebt sie. Heute arbeitet Lena im Bereich Tierkommunikation und findet mit Jugendlichen deren Lebensaufgabe sowie deren Traumberuf. Auf ihrer Internetpräsenz www.lena.ch strahlt sie Liebe und Freude in die ganze Welt hinaus. Lena sagt von sich selbst: »Ich bin hier, um Liebe und Freude zu bringen *strahl* – let's have a party!«

Weitere Informationen unter: www.lena.ch

Eileen Caddy & David Earl Platts

Die Tore zur Liebe öffnen

Ein Findhorn-Buch

Können wir lernen zu lieben? Oder müssen wir nur warten – und es geschieht von selbst?
Wir alle sind mit der Fähigkeit geboren, uns selbst und andere zu lieben. Schmerzvolle Erfahrungen haben jedoch dafür gesorgt, dass viele von uns innere Schutzwälle errichtet und Ängste, Überzeugungen und Verhaltensweisen entwickelt haben, um diese inneren Barrieren aufrechtzuerhalten. Die wichtigste Lektion im Leben ist es daher, wieder lieben zu lernen ...
Dieses Buch lädt Sie ein, die freie Entscheidung zu treffen, mehr Liebe in Ihr Leben zu bringen, und es hilft Ihnen, diese Entscheidung Schritt für Schritt klar und entschlossen umzusetzen.

232 Seiten, broschiert, mit Klappe · € [D] 14,90 · ISBN 978-3-89845-288-5

Ingeborg Bergner

Dein Lichtgewand

reinigen – stärken – schützen

Ein Geschenk der Lichtwesen an uns!
Die Auramode der Engelwelt lässt keine Wünsche offen – egal ob Sie sich nun lieber in einen reinigenden Mantel, ein heilendes Kleid oder in eine harmonisierende Jacke hüllen möchten.
»Dein Lichtgewand« vermittelt eindrucksvoll, wie jeder Suchende in der neuen Zeit des Aufstiegs seine Seele mit speziellen Energien stärken kann. Die 25 praktischen Energie-Karten unterstützen dabei, sich seiner jetzigen Situation bewusst zu werden. Eine inspirierende Kollektion, mit der Sie Ihrem Alltag gestärkt begegnen können – umgeben von wunderbaren Energien.

208 Seiten, broschiert, 2-farbig, mit 25 Energiekarten, in Schuber · € [D] 24,90
ISBN 978-3-89845-279-3

208 Seiten, broschiert
ISBN 978-3-89845-343-1
€ [D] 14.90

Edelgard Friedrich

Waren wir verabredet?

Wie Kinder ihre Eltern wählen

Es ist erstaunlich, wie sehr es die oft belasteten Beziehungen zwischen Eltern und Kindern erleichtern kann, wenn sie sich der Idee öffnen, dass sie sich bereits aus früheren Leben kennen und der Begegnung vor der Geburt zugestimmt haben – mit dem Ziel, dass beide dabei in ihrer Entwicklung vorankommen mögen.
Die Psychoanalytikerin Edelgard Friedrich fächert an zahlreichen Fallbeispielen solche problematischen Eltern-Kind-Beziehungen auf und bietet in den Kommentaren und Erklärungen schließlich eine Art »angewandter Reinkarnationslehre«, die den Leser die Konflikte in einem neuen Licht sehen lässt. Die Frage »Waren wir verabredet?« werden Betroffene nach der Lektüre dieses Buches daher sicherlich nicht nur mit »ja«, sondern auch mit »zum Glück« beantworten.

45 runde, farbige Karten,
Ø 10 cm, mit Begleitbuch,
160 Seiten, broschiert, in Box
ISBN 978-3-89845-363-9
€ [D] 16.90

Scott Alexander King

Krafttiere für Kinder

Ein Kind in unserer modernen Welt zu sein, ist manchmal schwierig, wenn es einem nicht gut geht oder man traurig ist. Wie schön, wenn man dann einen Freund hat, mit dem man reden kann, der zuhört und hilft. Krafttiere sind diese liebevollen Freunde, die dich unterstützen, dir helfen und dich beraten. Schon die alten Kulturen wussten, dass wir mit den Tieren kommunizieren und von ihnen lernen können. Auch du kannst mit den Tieren sprechen, und dieses wunderschön illustrierte Kartenset hilft dir dabei, die Botschaften der Tiere zu verstehen. Wann immer du den Krafttieren deine Sorgen und Ängste mitteilst, werden sie dir Antwort auf deine Fragen geben, dir Kraft und Vertrauen spenden.

160 Seiten, broschiert
ISBN 978-3-89845-054-6
€ [D] 9.90

Franziska Krattinger

Erfolgsrezepte

Greife nach den Sternen, wenn du wachsen willst!

Menschen leben in ihren Gewohnheiten, und sie wiederholen sich ständig. Um seine Gewohnheiten, die allein aus fixiertem Denken entstehen, zu ändern, muss der Mensch zuerst auf andere Gedanken kommen. Denn andere Gedanken bringen neue Vorstellungen, und neue Vorstellungen bringen neue Lebenssituationen.
Die richtige Einstellung macht jeden Menschen zum Gewinner!
Franziska Krattinger hilft den Menschen, auf andere Gedanken zu kommen und so ihr Leben mit wahrer Freude, tiefer Liebe und verstärktem Bewusstsein dauerhaft zu verändern, um sich so den Weg durch den Alltag zu erleichtern.

168 Seiten, Klappenbr.
ISBN 978-3-89845-152-9
€ [D] 10,90

Franziska Krattinger

Ein Wort genügt!

... sich einfach umprogrammieren

Schalten Sie einfach um! – Manchmal genügt ein einziges Wort, um verborgene Haltungen ans Licht zu bringen oder Einstellungen zu ändern. Dabei gibt es spezielle Worte, die gleichsam eine magische Wirkung haben, da sie die Schlüssel zu unserem Unterbewusstsein sind: Schaltworte.
Schalten Sie einfach um! – und beobachten Sie die Veränderungen in Ihrem täglichen Leben, ohne dass Sie bewusst daran denken oder eine Vorstellung der Lösung haben müssen.
Nutzen Sie die Kraft, eine Situation augenblicklich im besten und idealen Sinn zu verändern.

49 Herzkarten in Box
ISBN 978-3-89845-208-3
€ [D] 13,90

Sigrid Mahncke

Lichtengel
Zur Heilung von Körper und Seele

Die Lichtengel bringen Heilung für Körper und Seele und breiten ihre Flügel wie einen schützenden Mantel der Liebe über dir aus. Allein indem du dich in die Energien der visionären und sanften Engelbilder vertiefst, wirst du fast augenblicklich zur Ruhe kommen – und in der Lage sein, dich auf den wesentlichen Kern deines Lebens besinnen zu können...

78 farbige Karten, 10 x 16 cm,
mit Begleitbuch, 224 Seiten,
gebunden, in Box
ISBN 978-3-89845-364-6
€ [D] 26,90

Isha & Mark Lerner

Tarot für das innere Kind
Eine Reise in die Welt der Märchen

Ein märchenhaftes Tarot, das das Kind in uns wiedererweckt: Es hilft uns auf sanfte Weise, mit den äußerst kraftvollen Archetypen der inneren Welt in einen Dialog zu treten.
Mit den Motiven so bekannter Märchen wie Dornröschen, Alice im Wunderland und Peter Pan öffnen diese Karten Herz und Verstand und lassen uns Neues über unser Selbst entdecken. In Anlehnung an das traditionelle Tarotdeck eignet sich dieses Tarot fur Traumarbeit, Heilungsprozesse und die Beschäftigung mit Kindern. Die farbenfrohen Bilder werden gemeinsam mit den Geschichten und Märchen zu einem faszinierenden Führer für die Reise nach innen und bilden eine Brücke zwischen dem Bilderreich der Kindheit und den Möglichkeiten der Welt der Erwachsenen.
Ein Abenteuer voller Zauber und Phantasie!

Weiterführende Informationen zu
Büchern, Autoren und den Aktivitäten
des Silberschnur Verlages erhalten Sie unter:
www.silberschnur.de

Sie können uns alternativ
die beiliegende *Postkarte* zusenden.

Ihr Interesse wird belohnt!